俄语中的民族文化隐喻

——"基本原素"和"人"观念域间的隐喻互动研究

闻思敏 著

南开大学出版社

天　津

图书在版编目(CIP)数据

俄语中的民族文化隐喻："基本原素"和"人"观
念域间的隐喻互动研究 / 闻思敏著. —天津：南开大
学出版社，2024.9
ISBN 978-7-310-06558-5

Ⅰ.①俄… Ⅱ.①闻… Ⅲ.①俄语－文化语言学－研
究 Ⅳ.①H35

中国国家版本馆 CIP 数据核字(2024)第 000961 号

俄语中的民族文化隐喻
——"基本原素"和"人"观念域间的隐喻互动研究
EYU ZHONG DE MINZU WENHUA YINYU——"JIBEN YUANSU"
HE "REN" GUANNIANYU JIAN DE YINYU HUDONG YANJIU

南开大学出版社出版发行
出版人：刘文华
地址：天津市南开区卫津路 94 号　　邮政编码：300071
营销部电话：(022)23508339　营销部传真：(022)23508542
https://nkup.nankai.edu.cn

天津创先河普业印刷有限公司印刷　全国各地新华书店经销
2024 年 9 月第 1 版　　2024 年 9 月第 1 次印刷
230×170 毫米　16 开本　11.25 印张　2 插页　160 千字
定价：56.00 元

如遇图书印装质量问题,请与本社营销部联系调换,电话：(022)23508339

前　言

隐喻是语言学研究中一个历久弥新的课题。隐喻是语言的修饰手段，是一种意义生成机制，也是普遍的认知手段和人类思维的共有属性。随着研究的不断深入和拓展，隐喻研究出现了社会转向、文化转向和实证转向，隐喻的识别和理解已经成为计算机语言学、神经语言学、心理语言学等交叉学科的研究热点，在新的时代对隐喻进行研究仍具有重要意义和价值。

隐喻研究在其两千多年的存续历史中，在绝大多数时间里都被视为一种修辞手段。从20世纪下半叶开始，隐喻开始摆脱传统修辞学的窠臼，其认知性得到了学者们的充分关注和发掘。此外，大量有关隐喻的跨文化对比研究成果也促使隐喻的文化属性进入研究者的视野。隐喻的认知性和文化性应当成为当代隐喻研究的基本维度。因此，在本研究中，我们把隐喻视为可以连接两个场性结构的、具有文化标记性的认知机制，将其纳入语言文化学研究中；认为观念域作为由观念场构成的复杂场性结构也可被隐喻这一认知机制连接，并且这种连接具有文化标记性。其中的两个场性结构为由被俄罗斯民族视为创世基本原素"水""火""空气"和"土地"构成的"基本原素"观念域和与其进行隐喻互动的"人"观念域。本研究通过对俄语中上述两个观念域隐喻互动过程和互动结果的考察，探寻"基本原素"观念域的结构、涵义和功能，分析其在俄罗斯民族意识和民族文化中的运行机制。

为此，我们分成四个章节对本课题进行阐释。第1章是文献综述，对中俄语言学界"基本原素"和"人"观念域的研究现状进行概述；第2章是理论基础，呈示隐喻的文化转向，阐明隐喻作为语言文化学子系统的地位,确立隐喻作为连接两个场性结构的适用性;第3章是语料分析,抽取在"基本原素"和"人"观念域隐喻互动过程中生成的隐喻模式,确定隐喻模式在内容和形式层面的特点;第4章是文化阐释,为俄语中"基本原素"和"人"观念域隐喻互动在形式和内容层面的特点寻找文化根源。

通过以上四个章节的阐释,我们进行了"基本原素"观念域的构建和"人"观念域框架分区的划定,确立"基本原素"观念域与"人"观念域隐喻互动所产生若干具有能产性的隐喻模式,并通过观念涵义空间的原型涵义对隐喻模式的内容和特点做出解释。对于隐喻模式的内容,也即隐喻模式本身,我们试图通过寻找对应观念的原型涵义对其做出解释;对于相同隐喻投射方向上隐喻模式的对立性,我们试图通过相应观念涵义空间内部的原型涵义对其做出解释。

本研究的价值在于:对作为"民族文化携带者"的隐喻的认知分析和语言文化分析,有助于探索隐喻语言文化分析的方法,也是在语言文化学视角下对隐喻进行研究的一次尝试,是了解俄罗斯民族心智的一种途径,可透视作为语言和文化主体的俄罗斯民族的民族意识和语言意识的生成和理解机制。同时,对"基本原素"和"人"观念域的隐喻互动研究,可以让我们了解俄罗斯民族对待作为创世基本原素的水、火、空气、土地的态度,了解俄语语言世界图景的某一片段;而对隐藏在语言单位内部的文化意义进行解读,有助于二语习得者了解俄罗斯文化,促进跨文化交际的顺利、有效进行。此外,本研究为进行俄汉隐喻对比分析奠定了基础,以期在后续研究中从文化和认知的维度进行汉外对比,在隐喻研究的理论构建和实践论证两个方面略尽绵薄之力。

Предисловие

Метафора – постоянно обновляющаяся тема в лингвистических исследованиях. На сегодняшний день, метафора является и средством украшения языка, и механизмом порождения смысла, и универсальным средством познания, так и общим атрибутом человеческого мышления. С постоянным углублением и расширением исследований, изучение метафор претерпело социальный, культурный и эмпирический поворот. Распознавание и понимание метафор стало актуальной темой в таких междисциплинарных дисциплинах, как компьютерная лингвистика, нейролингвистика и психолингвистика. Изучение метафор в новую эпоху по-прежнему имеет большое значение и ценность.

За свою более чем двухтысячелетнюю историю метафора большую часть времени рассматривалась как чисто риторическая фигура. Со второй половины прошлого века метафора начала избавляться от стереотипного статуса как риторической фигуры, и ученые уделяли особое внимание на изучение ее когнитивной природы. Кроме того, результаты большого числа кросс-культурных сравнительных исследований метафор также привлекли внимание исследователей к культурным атрибутам метафоры. Когнитивная и культурная природа метафоры должны стать основными аспектами современных исследований метафоры. Поэтому в данном исследовании мы рассматриваем метафору как культурно-маркированный когнитивный механизм, который может соединять две полевые структуры, и включаем ее в изучение языка и культуры; мы полагаем, что две концептуальные сферы, как сложные полевые структуры, состоящие из концептуальных полей, также могут быть соединены когнитивным механизмом языка и культуры – метафорой, и это соединение является культурно значимым. Эти две полевые структуры в нашем исследовании представляют собой концептуальную сферу СТИХИИ, состоящую из базовых концептов «Вода», «Огонь», «Воздух» и «Земля», которые рассматриваются русским народом как основные элементы мироздания, и концептуальную сферу ЧЕЛОВЕК, которые метафорически взаимодействуют с концептуальнйо сферой СТИХИИ. Посредством исследования процесса взаимодействия и результатов взаимодействия вышеупомянутых двух концептуальных сфер в русском языке исследуются структуры, коннотации и функции концептуальной сферы СТИХИИ, а также анализируется механизм ее функционирования в русском национальном сознании и национальной культуре.

С этой целью мы разделили наше исследование по данной теме на четыре главы. Первая глава представляет собой обзор литературы, то есть проанализирована изученность концептуальных сфер СТИХИИ и ЧЕЛОВЕК в русской лингвистике и китайской русистике. Вторая глава представляет собой теоретическую основу, то есть продемонстрирован культурный поворот изучения метафоры, прояснен статус метафоры как подсистему лингвокультурологических исследований, также установлена применимость метафоры как соединяющий механизм между двумя полевыми структурами. Третья глава посвящена корпусному анализу, выделению метафорических моделей, генерируемых в процессе метафорического взаимодействия между концептуальными сферами СТИХИИ и ЧЕЛОВЕК, и определению особенностей метафорических моделей на плане выражения и плане содержания. Четвертая глава посвящена культурной интерпретации, то есть поиску глубинных культурных причин для объяснения особенностей на плане выражения и на плане содержания метафорических моделей, генерируемых в процессе метафорического взаимодействия между концептуальными сферами СТИХИИ и ЧЕЛОВЕК.

Посредством интерпретации в вышеприведенных четырех главах мы осуществили построение концептуальной сферы СТИХИИ и определение рамочного разделения концептуальной сферы ЧЕЛОВЕК, а также установили ряд продуктивных метафорических моделей, возникающих в результате метафорического взаимодействия между концептуальными сферами СТИХИИ и ЧЕЛОВЕК. Мы также объяснили содержание и характеристики метафорических моделей с помощью архетипов в смысловом пространстве концептов. Что касается содержания метафорических моделей, то есть самой метафорической модели, мы пытаемся объяснить ее, обратившись к архетипическому значению соответствующего концепта; что касается оппозиций метафорических моделей в том же направлении метафорической проекции, мы пытаемся объяснить их посредством оппозиций архетипического значения внутри смысловом пространстве соответствующего концепта.

Ценность данной работы заключается в том, что посредством когнитивного анализа и лингвокультурологического анализа метафоры как «носителя национальной культуры» попытаемся углубить научные изыскания по изучению методов лингвокультурологического анализа метафоры. Данная работа представляет собой попытку изучить метафоры с точки зрения лингвокультурологии. Лингвокультурологический анализ метафорических взаимодействия концептуальных сфер служит способом понимания русского национального сознания, и также призмой, через которую можно увидеть механизм порождения и понимания национального сознания и языкового сознания русской нации как субъекта языка и культуры. В то же время изучение метафорического взаимодействия между концептуальными сферами СТИХИИ и ЧЕЛОВЕК позволит нам понять отношение русского народа к воде, огню, воздуху и земле как к основным элементам мирздания, а также наблюдать определенную часть русской языковой картины мира. К тому же, интерпретация культурного смысла, скрытого за языковыми единицами, помогает изучающим русский язык как иностранный глубже понять русскую культуру и способствует плавному и эффективному развитию межкультурной коммуникации. Кроме того, данное исследование заложило основу для сравнительного анализа русско-китайских метафор с целью сравнения китайских и зарубежных метафор на культурном и когнитивном измерениях в последующих исследованиях и тем самым внести скромный вклад в теоретическое построение и практические исследования метафор.

目　录

绪　论

在西方学术界，隐喻研究起源于亚里士多德所在的古希腊时期，在经历了比较论、语义互动论、语用论、认知论的发展阶段后，在我们当今的学术研究中仍未失去其学术魅力——隐喻作为人类普遍的思维方式和认知机制，是我们了解新事物、从未知走向已知的桥梁和媒介。在本书中，我们将从语言文化学的视角，把隐喻作为连接两个场性单位的具有文化标记性的机制，探究俄语中"基本原素①（СТИХИИ②）"和"人（ЧЕЛОВЕК）"观念域的隐喻互动所呈现的特点，并努力寻找所呈现特点的文化依据，以期了解"基本原素"观念域，具体为其基础观念"水（ВОДА）""火（ОГОНЬ）""土地（ЗЕМЛЯ）""空气（ВОЗДУХ）"在俄罗斯民族文化和语言意识中的地位和功能。

---

① 在国内一些介绍西方自然哲学的相关论著中，学者们使用"四元素""基本元素""元素"等术语来称谓作为西方自然哲学创世基础的水、火、土地、空气，如此一来，"стихия"一词应翻译为"基本元素"；而在另外一些著述中，如在《自然的观念》（英国 R. G. 柯林武德著，吴国盛译）中，这四个元素被称作"基本原素"；此外，根据《大俄汉词典》及《现代俄汉双解词典》的词条，"стихия"一词被翻译为"基本原素"。在本书中，为强调水、火、土地、空气的基础性，并将其与元素周期表中的"元素"区分开来，我们将"стихия"一词译为"基本原素"。

② 根据我们的观点，观念是不同于词语的涵义实体，其涵义范围大于在各类语义词典中给出释义的词语，故在本书中，我们用所有字母大写的形式表示观念，而对应的汉语翻译则通过加上双引号（"观念名"）的形式表示。

1 选题背景

从隐喻的角度看，学者们长期在隐喻研究领域进行的精耕细作取得了丰硕的成果。自亚里士多德将隐喻作为增强语言表现力的修辞手段后，后来的学者从更加广泛的视角进行了隐喻研究，隐喻从一种语言现象转变为言语现象，从文体"点缀物"升格为人类普遍的思维和认知机制。相应地，隐喻研究也从静态转向动态。同时，将隐喻研究定位为整合性研究，将社会文化因素考虑进来探究隐喻的生成、作用及理解的趋势也日显端倪。俄罗斯学者弗·弗·彼得罗夫（В.В.Петров）就指出："隐喻是语言概念化，是思维和理解的关键因素，就像一根无形的线条，将现实、意识和文化紧密联系起来。"（Петров，1990：135）伊·弗·普里瓦洛娃（И.В.Привалова）的表达更为直接："隐喻的独特性在于其可同时作为认知、文化和语言这三个范畴的单位。"（Привалова，2005：46）国内学者孙毅指出了隐喻研究文化意蕴象限的重要性："隐喻既根植于语言、思维，又扎根于文化，隐喻是一个语言社团的文化和经验的积淀，是文化在语言中的集中体现。隐喻本身便是文化的组件，是一个民族文化浓缩的精华，能够折射出文化的方方面面。"（孙毅，2023：11）因此，在本书中，我们循着隐喻研究的以上两个趋势，试图从语言文化学视角对两个相互作用的场性结构之间的隐喻互动结果、特点及成因进行分析。

从观念研究的角度来看，在语言文化学中，单个的观念研究开始被观念的组合性、聚合性研究所替代，以通过研究观念集合在文化空间中的运作模式来揭示"语言—文化—人"的相互关系，简而言之，通过语言表征展现思维方式的群体性特征。所以我们所选择的研究对象"基本原素"和"人"观念域也是符合这一发展趋势的。观念域（концептосфера）的概念由俄罗斯院士德·谢·利哈乔夫（Д.С.Лихачев）提出，他认为观念域是民族观念的集合，而阿·帕·巴布什金（А.П.Бабушкин，1997）、斯·阿·科萨尔娜娅（С.А.
Кошарная，2003）、塔·尼·乌比科（Т.Н.Убийко，2004）、瓦·阿·马
斯洛娃（В.А.Маслова，2004）、尼·列·楚尔金娜（Н.Л. Чулкина，
2005）、伊·弗·卡拉西科（В.И.Карасик，2005）、谢·格·沃尔卡
切夫（С.Г.Воркачев，2006）、吉·丹·波波娃和伊·阿·斯捷尔宁
（З.Д.Попова，И.А.Стернин，2006，2007）、斯·维·布莲科娃（С.В.
Буренкова，2009）、安·尼·普利霍季科（А.Н.Приходько，2013）、
尼·尼·博尔德列夫（Н.Н.Болдырев，2014）、叶·尤·布坚科（Е.Ю.
Бутенко，2014）、伊·弗·济科娃（И.В.Зыкова，2015）等学者或
从理论上，或通过具体对象①的分析，在观念域研究的发展和深入
方面所做出的贡献（如观念域内部观念的有序性分布、观念域内部
观念的共同特征、观念域观念共同特征的体现强度由观念域中心向
边缘递减等）也为我们进行观念域研究提供了可行性和方法上的支
撑。而从对"基本原素"与"人"观念域的分析来看，集中对二者
之间的隐喻互动关系进行分析的案例并不多见，分析主要集中在上
述两个观念域中的个别或若干要素；并且在已有的相关研究中，隐
喻大多被视为静态性的隐喻表达，主要用于发掘联想涵义。

　　因此，结合以上两个方面的原因，我们认为在人类中心主义范
式下对"基本原素"与"人"观念域的隐喻互动进行语言文化研究
是具有一定学术价值的。

---

　　① 谢·格·沃尔卡切夫（С.Г.Воркачев）的"爱（Любовь）"观念场研究，伊·弗·济
科娃以成语为语料研究文化观念域对语言的影响，瓦·阿·马斯洛娃对"个性（Личность）"
观念域的研究，叶·尤·布坚科对"恐惧（Страх）"观念域的研究，安·尼·普利霍季科对
德语观念域的研究及对观念域的物化和形成机制的阐述，塔·尼·乌比科对"人（Человек）"
观念域的研究，斯·维·布莲科娃对"破碎性（Нарушенность）"观念域的分析，尼·列·楚
尔金娜对"俄罗斯的日常生活（Русская повседневность）"观念域的研究，格·瓦·托卡列
夫（В.Г.Токарев）对"劳动活动（Трудовая деятельность）"观念场的阐述等。

2 选题依据

我们在本研究中选择对"基本原素"和"人"观念域间的隐喻互动进行分析，首先是因为进行本研究具备相关的理论基础。我们研究的理论基础是隐喻和原型的相关理论。隐喻是一种语言现象，更是一种意义生成和认知机制，可以连接两个不同的场性结构，并且这种连接是具有文化规定性和文化标记性的，使得隐喻获得语言文化学子系统的地位；在语言文化学中，隐喻采用认知子系统中的相关单位，如知识、概念和观念等，使得语言的符号成为文化的符号。而对隐喻的文化规定性和标记性的解释，我们借助原型理论。原型作为一种脱胎于神话的集体无意识单位，具有基础性、稳定性，是文化的基因，可对隐喻的文化规定性和标记性做出解释。

其次，本研究客体和研究对象所具备的特点也是我们进行本研究的依据。我们的研究客体是"基本原素"（具体是"基本原素"观念域内的"水""火""空气""土地"这四个基础观念）与"人"观念域之间的隐喻互动，以及作为隐喻互动过程和结果的隐喻模式及隐喻模式所具文化标记性的文化原因；在"隐喻决定论"的背景下，对决定和影响隐喻的因素进行研究存在一定的学术空间。研究对象为构成"基本原素"观念域的四个基础观念——"水""火""空气""土地"；水、火、土地、空气在西方自然哲学中作为创世的基本原素，对它们进行研究具有一定的学术价值。

再次，我们学术观点的合理性也是我们进行本研究的重要依据。综观不同视角下的隐喻研究，隐喻在功能上的共同点——隐喻可作为连接语言中两个相关的异质场性结构的机制，并且这种连接，无论是作为一种结果，还是一个过程，都是具有文化标记性的，使隐喻可以作为语言文化学的研究对象。因此，我们提出对"基本原素"和"人"两个观念域之间的隐喻互动进行分析。

最后，本研究具有一定的创新性，这也是我们进行研究的重要出发点。本研究的创新点可以归结为以下几个方面：第一，将"水""火""空气""土地"四个观念置于一个观念域中，进行整合研究，更有利于观察它们在俄罗斯民族文化和语言意识中的作用、地位、运行机制和状态；第二，在研究中，我们从隐喻的静态性（即语言中的隐喻性表达）出发，进行隐喻的动态性（即认知和意义生成的隐喻化过程）分析，分析出了"基本原素"观念域向"人"观念域进行隐喻投射生成的 32 个隐喻模式；第三，将隐喻纳入语言文化学研究中，从神话、童话、词源、成语、谚语、民俗文化等不同类型的材料，发掘出"水""火""空气""土地"四个观念的 12 个原型涵义，以对"基本原素"观念域内观念向"人"观念域进行隐喻投射所生成的隐喻模式做出语言文化阐释；在该过程中，"水""火""空气""土地"观念在俄罗斯民族语言意识和民族文化中的功能亦被呈现出来。

3　研究目的、任务和研究价值

本研究的目的在于揭示现代俄语中"基本原素"与"人"观念域的隐喻作用关系，具体来说是对"基本原素"观念域中的基础观念"水""火""空气""土地"向"人"观念域进行隐喻投射后生成的隐喻模式进行描写，这是一个释"然"的过程；继而对隐喻模式所呈现的文化标记性进行语言文化分析，是一个揭示"所以然"的过程。在这个释"然"和释"所以然"的过程中，我们可以通过俄罗斯民族语言文化图景上的一块画布，了解俄罗斯民族的思维特点。

基于研究对象的研究现状及我们的研究目的，在研究中，我们需要解决以下研究任务：

第一，明确隐喻研究文化转向的趋势，对隐喻和隐喻化的文化标记性和文化规定性进行阐释，确定隐喻作为语言文化学研究对象的地位。

第二，确定"基本原素"观念域中"水""火""空气""土地"

观念向"人"观念域进行隐喻投射所产生的隐喻模式，并对所析出的隐喻模式在内容和形式上的特点进行分析。

第三，发掘"水""火""空气""土地"四个基础观念的原型涵义，为"基本原素"与"人"观念域隐喻互动中所呈现的特点提供解释。

至于本研究的价值，我们将其分成理论价值和实践价值两个方面。我们认为，本研究的理论价值可归纳为：隐喻作为一种思维和认知机制，可作为两个场性结构的连接机制，但这种连接是有文化标记性和文化规定性的，并且，这种文化的标记性和规定性可以通过作为集体无意识单位的原型得到一定的解释。简言之，通过进行作为"民族文化携带者"①的隐喻的认知分析和语言文化分析，探索对隐喻进行语言文化分析的方法，是在语言文化学视角下对隐喻进行研究的一次尝试，对了解俄罗斯民族认知世界的思维活动中具有共性和具有民族特性的规律有一定帮助，是了解俄罗斯民族心智的一种途径，可透视作为语言和文化主体的俄罗斯民族的民族意识和语言意识的生成和理解机制。而这种研究在当前跨学科、大融合的学术背景下，能够与心理语言学、神经语言学，甚至是机器翻译、人工智能等新兴学科结合起来，具有一定的发展前景。

同时，本研究也具有一定的实践价值：在俄语中，"стихия"一词指创世的基本原素，是生存的基础与环境；通过对其同名观念域与作为认知主体的人的同名观念域——"人"观念域之间的隐喻互动关系进行研究，我们可以了解俄罗斯民族对待作为创世基本原素的水、火、空气、土地的态度，了解俄语语言世界图景的某一片段。并且，对这种态度的研究对在当下生态危机日益严峻的背景下引导、培养和发展人对世界、对生态的正确态度具有一定的现实意义。另外，从外语教学这一断面来看，对隐藏在语言单位内部的文化意义进行解读，有助于二语习得者了解俄罗斯文化，促进跨文化交际的顺利、有效进行。

---

① 隐喻作为"民族文化的携带者"是赵爱国在于 2019 年 11 月 30 日在复旦大学外国语言文学学院俄语系举办的"语言·文化·翻译跨学科前沿论坛"发言中的表述。

4 研究方法和语料来源

本研究涉及人类学、语言学、语言文化学、认知语言学、民俗学等多门学科的知识。在本研究中，我们综合运用语言文化学、认知语言学、语义学等学科的理论和研究成果，主要采用了语言文化学分析方法、描写和解释相结合的方法。其中的语言文化学分析方法具体包括观念域构建时所采用的观念分析方法、观念的原型分析方法，并通过使用原型对从日常表达中抽象出的隐喻模式进行文化阐释的途径，对隐喻进行语言文化学分析，也即对隐喻进行语言文化学分析的方法。

本研究的主要语料来源是：一方面，本研究主要借助俄语国家语料库中的语料及俄罗斯文学文本来研究"基本原素"和"人"观念域之间的隐喻互动特点，既可以反映共性的特点，又可以反映个性的、带有作者个人生活印记的隐喻及隐喻化的特点，共性与个性相结合，能够使我们的研究结果更具有代表性；另一方面，本研究借助各种类型的词典，包括语义词典、词源词典、同义词词典、联想词典、成语词典、俗语和谚语词典、神话百科词典，同时结合童话故事及仪式、禁忌、迷信等民俗文化材料来进行"基本原素"观念域的构建，并分析其基础观念"水""火""空气""土地"的原型涵义。

5 本书结构

绪论部分主要是对本研究的选题背景（所研究课题的国内外研究背景）、选题依据、研究目的、研究方法、语料来源、研究意义、研究的创新点，简而言之是对本课题研究的可行性及本研究能否完成的条件进行阐述。

第 1 章为文献综述部分，旨在对俄语语言学界及中国俄语学界中"基本原素"和"人"观念域的研究现状进行概述。

第 2 章旨在对理论基础进行介绍，可分为两大部分。在第一部分将会对隐喻的研究理论进行总结和分析，从隐喻分析的修辞视角过渡到隐喻的认知视角，阐释隐喻是一种认知机制，并以此为出发点，对隐喻的文化标记性进行分析，确定隐喻作为语言文化学的一个子体系，同语言文化学的其他子体系（由知识、概念、观念及表征构成的认知子体系，象征子体系和标尺子体系）一样，具有研究的现实意义。而在第二部分，我们首先要阐释语言和文化关系中的观念研究的地位问题，实质上是语言文化学中的观念研究问题，解释观念与相关概念之间的联系和区别，对观念域的构成进行说明，阐释语言在观念研究中的重要地位，并从词汇语义场出发，确定"基本原素"观念域基础观念的称名单位，为后文进行"基本原素"与"人"观念域的隐喻互动分析做准备；继而，对隐喻作为连接两个场性结构的适用性进行分析。

第 3 章在对隐喻的相关概念，即隐喻模式进行介绍后进入实际语料分析部分，借助语料库材料分析，确定我们所选定的研究对象的核心部分，也即"基本原素"观念域内"水""火""空气""土地"基础观念向"人"观念域相关框架区域进行隐喻投射这一认知操作过程中所生成的隐喻模式，并确定隐喻模式在内容和形式层面的特点。这一章也是为第 4 章"'基本原素'和'人'观念域间隐喻互动的语言文化分析"做相关的准备工作。

第 4 章是对"基本原素"与"人"观念域的隐喻互动进行语言文化分析，确切地说是为第 3 章所得到有关隐喻和隐喻化的特点寻找文化根源。这种"文化寻根"从原型入手，研究的语料涉及文化的基础层，包括神话、民间童话故事、民俗文化、成语、谚语、俗语等。对"基本原素"与"人"观念域隐喻互动的文化寻根主要从两个维度进行：一方面，从单个隐喻模式内容层面上，我们试图借助民俗、词源及包括成语、俗语、谚语等在内的语言单位发掘出相对应观念的原型涵义，为其生成提供依据；另一方面，对于构成"基本原素"观念域单个基础观念向"人"观念域进行隐喻投射过程中所生成隐喻模式之间关系中出现的对立性，我们借助神话、童话和民俗材料，从"水""火""空气""土地"四个基础观念涵义空间内原型涵义对立的视角进行解释。通过上述分析，我们试图解释"基本原素"与"人"观念域隐喻互动的语言文化特点，揭示上述四个原素所蓄载的文化涵义，呈现其在俄罗斯文化及俄罗斯民族语言意识中的作用和地位。

结论部分对本研究的主要内容和分析所得到的结果进行了总结，并指出了研究的不足之处及今后需要努力完善的方向。

第 1 章 "基本原素"和"人"观念域①
隐喻研究综述

　　在进行文献综述之前，需要明确我们的研究客体和研究对象：研究客体是"基本原素"（具体是"基本原素"观念域内的"水""火""空气""土地"四个基础观念）与"人"观念域之间的隐喻互动，以及作为隐喻互动过程和结果的隐喻模式及隐喻模式所具文化标记性的原因；研究对象为构成"基本原素"观念域的四个基础观念——"水""火""空气""土地"。这里需要稍作说明的是：这里的隐喻互动指隐喻化过程中需要参与该过程的始源域和目标域双方进行互动（如查理兹的"隐喻互动论"），而强调其与"人"观念域的隐喻互动旨在对"基本原素"隐喻投射的范围进行限定，以更好地明确基本原素对人的意义。此外，根据我们所掌握的文献资料，相关研究者在对"基本原素"和"人"观念进行分析时，或多或少都会触及隐喻研究，但我们很少见到对二者隐喻互动本身的分析。所以，我们文献综述的着力点主要放在"基本原素"观念域上，而作为"基本原素"观念域内部构成单位进行隐喻投射的目标域，我们也对"人"观念域的相关研究进行了一定的文献检索工作。

---

　　① 在中国俄语学界"концептосфера"存在"观念圈""观念域""观念阈"三种汉译，且后两种用法使用较多；上海外国语大学博士研究生白旭借助汉语辞书对"阈"和"域"进行区分后，认为"концептосфера"强调的是众多观念所进入的范围，而非界限，故取"观念域"之译法。

1.1 "基本原素"观念域的研究现状

对"基本原素"观念域的研究现状的综述，我们分成俄罗斯语言学界"基本原素"的研究现状和国内语言学界"基本原素"的研究现状两个板块；而这两个板块内部，又可根据是对"基本原素"观念域内单个成素进行研究，还是对观念域进行整合性研究进行细分。

1.1.1 俄罗斯语言学界"基本原素"观念域的研究现状

作为创世的基本原素，水、火、空气、土地在哲学、历史学、文学等多个人文学科中都得到了广泛研究，我们在本研究中主要是对语言和文化中的基本原素，也即水、火、空气和土地的相关研究进行综述。鉴于本课题的研究视角，在综述时，我们又分别将国内外对"基本原素"观念域的研究细分成两个部分，分别对不被视为观念的基本原素的研究状况和作为观念的基本原素的研究状况进行综述。并且，在此之前，我们还需要对俄罗斯学界中不被视为观念的基本原素的研究情况进行说明——这部分材料对我们的研究具有重要意义，可成为我们分析的部分语料来源。

当基本原素不被视为观念时，它成为各类神话词典、民俗词典、语义词典、词源词典的描写对象。

《斯拉夫神话百科词典》（«Славянская мифология. Энциклопедический словарь»，1995）对斯拉夫文化中与"水""河流""火""火灾""土地""风""旋风"相关的包括神话、童话、咒语、迷信禁忌等具有神话性质的材料进行了详细的描写，并对相关的神话形象进行了介绍。

在尼·伊·托尔斯托伊（Н.И.Толстой）主编的五卷本《斯拉夫古代习俗民族语言学词典》（«Славянские древности. Этнолингвистический словарь»）中，词典的编撰者主要结合古代斯拉夫民族风俗习惯对水、火、土地、空气及与它们相关的单位在斯拉夫民族意识中所具的意义进行分析，为我们在后文进行观念原型涵义的分析提供了大量的语料。

基·米·科罗列夫（К.М.Королев，2005）在《象征、符号和记号百科词典》（«Энциклопедия символов, знаков, эмблем»）一书中则将水、火、空气、土作为象征，譬如水可以作为生命和死亡的象征，火可以作为破坏力量的象征，空气可以作为空间的象征，土可以作为母亲的子宫和坟墓的象征。阿·阿·波铁布尼亚（А.А.Потебня，2000）的《民族文化的象征和神话》（«Символ и миф в народной культуре»）一书的开篇词中对斯拉夫文化中火所具有的象征饥饿、饥渴、愿望、忧伤、高兴、愤怒等身体和情感表现的功能进行了描述，并对斯拉夫民族库帕罗节中举行的和篝火相关的仪式进行了介绍，确定了火具有丰收和财富的象征意义。同时在后文中，作者也对水在俄罗斯民族婚礼仪式上的象征性作用进行了介绍。

娜·尤·什维多娃（Н.Ю.Шведова，2002）主编的《俄语语义词典》（«Русский семантический словарь»）对水、火、空气和土地所在的词汇语义词群进行了描写，为我们进行"基本原素"观念域的构建提供了物质基础。

嘉·尼·斯科利亚列夫斯卡娅（Г.Н.Скляревская，1993）也是从词汇语义学的角度对"вода"一词进行研究。她认为以词汇语义词群、近义词序列、反义词对、构词词族为基础的"вода"词汇语义场不能完全覆盖"вода"一词的语义，还存在一个基于词汇语义场的隐喻场。通过对词典中固定的有关"вода"一词词汇语义场中单位的隐喻化使用，她构建了"вода"一词的隐喻场，诸多的语义，如"气味""能量""生命""交流""时间""思维""回忆""金钱"等都进入场内。嘉·尼·斯科利亚列夫斯卡娅对隐喻进行的研究对我们具有一定的指导意义，但总体上，她注重分析在语言的日常使用中具有较高复现性的"вода"的隐喻意义，确定这些隐喻意义可对"вода"一词的语义进行填充，并非通过语言探究"水"观念在俄罗斯民族文化中的作用和地位，更多的是一种描述性的分析。

根据以上所述，我们可以看到，这部分的研究总体上比较具体，而且具有参考资料性质，能够为我们的研究提供材料。

我们重点对被赋予观念身份的基本原素的研究现状进行综述。对于俄罗斯语言学界"基本原素"观念（场/域）研究状况的分析，我们从对"基本原素"观念域的整合性研究和对其内部单个要素的研究两个方面进行综述。

1.1.1.1 对"基本原素"观念域的整合性研究概述

通过整理资料，我们发现在俄罗斯语言学界，主要是高校的副博士、博士研究生在对"基本原素"观念域进行研究，且对"基本原素"观念域的整合性研究较少，大多数研究是对"基本原素"观念域中的单个构成成素进行研究。

在奥·根·帕卢金娜（О.Г. Палутина，2004）的副博士论文《俄语和英语中基本原素观念的结构及其称名的非对称性》（«Асимметрия в структуре концептов превостихий и их номинаций в русском языке и американском варианте английского языка»）中，作者通过分析"水""火""空气""土地"观念物化的语言单位及相关的先例现象，并借助问卷调查的方法，对英俄两种语言中构成"基本原素"观念域的"水""火""空气""土地"的各自内部结构进行对比分析，从而分析英俄两个民族语言世界图景的差异。该文章的突出特点在于，研究者还对这四个观念之间的关系做出了分析，认为它们之间存在一定的对立关系（火—水，水—土地，土地—空气）。

柳·弗·弗罗洛娃（Л.В. Фролова，2004）在其副博士论文《М.М.普里什文小说〈卡谢伊锁链〉中的基本原素观念——水、空气、土地、火》［«Концепты первостихий (вода, воздух, земля, огонь) в романе М.М.Пришвина 'Кащеева цепь'»］中，对米·米·普里什文小说《卡谢伊锁链》中构成"基本原素"观念域的四个观念"水""火""空气""土地"的语言表达手段进行了分析，对它们的艺术世界图景进行分析，进而对普里什文的语言个性进行分析。通过对表征各个观念的核心词汇的联想场进行分析，作者得出结论，"水"观念中含有"个人的—共有的"的对立（"自我—异己"对立的变体）；

"火"观念中含有"下—上""上帝—魔鬼""贫穷—富有"的涵义对立；"土地"观念中有"自我—异己""上—下""家庭—孤独"的对立；"空气"观念中则含有"自由—不自由"的对立。在这些基本对立的基础上，米·米·普里什文小说《卡谢伊锁链》中"基本原素"观念域中的观念汲取了以俄语为母语的人的集体语言意识中有关这些观念的绝大多数观念对立特征，同时，因为米·米·普里什文的个人创作，该观念场的内容得到了明显扩展。

也可以见到整合程度较低的研究，如德·德·海洛琳（Д.Д.Хайруллин，2009）的副博士论文《作为语言世界图景一个片断的"火—水"二元观念》（«Бинарные концепты ОГОНЬ и ВОДА как фрагмент языковой картины мира»）从词汇语义场和联想场的角度对"火"和"水"这两个对立的观念进行分析。研究者在这里采用伊·阿·斯捷尔宁的观点，认为观念内部成素按照一定结构分布，有中心和边缘的差别，并在此基础上确定以英语与塔吉克斯坦语为母语的人的语言意识中对应观念区域的差异，得出正是在该差异中反映了民族文化差异及由该差异决定的民族意识差异。

另外，米·谢·斯克里亚尔（М.С.Скляр，2009）在其副博士论文《俄语中的观念词"基本原素"》（«Концепт слова "Стихия" в русском языке»）中，借助《圣经》及文学作品文本对"基本原素"这一观念的内容进行分析，研究该观念的哲学、历史来源。所以研究者主要是对"基本原素"观念进行历时分析，包括其来源及其在当前社会生活中的地位，从而反映该观念在俄语语言世界图景中的地位。但米·谢·斯克里亚尔是对"Стихия"这一观念词本身进行研究，并不特别关注其内部的构成要素——"水""火""空气"和"土地"。

在国内俄语学界，对"水""火""空气""土地"四个观念进行整合研究的成果较少。我们在知网上检索到的唯一一篇文章是刊载在《俄语学习》杂志的文章《历千年沧桑，话水火之情——谈俄语成语中的 Огонь 和 Вода》。该研究从火和水的"净化、惩罚、审判、预言"四种功能出发，研究其在俄语成语中的体现。

1.1.1.2 对"基本原素"观念域中单个要素的分析

对"基本原素"观念域中的单个要素，也即"水""火""空气""土地"观念的分析有一定发展。在俄语语言学界，我们能看到一定数量的相关研究成果。

尤·谢·斯捷潘诺夫（Ю.С.Степанов，2004）在《俄罗斯文化常量词典》（«Константы: словарь русской культуры»）一书中，对"水"和"火"两个观念进行了分析。他从"活水（живая вода）"和"死水（мертвая вода）"出发，提出在斯拉夫文化中应存在"活火（живой огонь）"和"死火（мертвый огонь）"的对立，并使用各种材料进行佐证，得出在斯拉夫文化中"活火"和"死火"的对立相较其他印欧文化更为明显；而后通过词源考证，得出"水"和"火"两个观念内部涵义的二元对立性。同时，在该词典中，他还对"土地"观念进行了分析，认为在俄罗斯文化中，"土地"观念涵义空间的主要成素包括：俄罗斯民族对自己的土地的热爱，土地是一种自然财富，土地上居住的亲人以及作为大自然组成部分的土地。

"水""火""空气""土地"观念是俄罗斯高校研究生的重要研究对象，我们能见到不少这方面的研究，如叶·弗·加尔金（Е.В.Галдин）的副博士论文《作为场性结构的"水"观念及其在俄语中的表征手段》（«Концепт ВОДА как полевая структура и способы его выражения в русском языке»）、伊·谢·利维涅茨（И.С.Ливенец）的副博士论文《观念"空气"的语言文化学分析》（«Концепт ВОЗДУХ в лингвокультулогическом аспекте»）、阿·弗·特罗菲莫娃（А.В.Трофимова）的《现代俄语中的"火"观念》（«Концепт ОГОНЬ в современном русском языке»）、阿·叶·谢缅诺夫（А.Е. Семенов）的《"土地"观念言语化的俄语成语和词汇手段》（«Вербализация концепта Земля средствами русской фразеологии и лексикологии»）等。在上述研究中都将单个的观念视为可划分为中心区、近中心区及边缘区的场性结构，借助词源、词义上下位关系、联想关系来寻找各个观念的内容"填充物"或是表征上述观念的语言单位，并从某一个或几个文化层（成语、俗语、格言等）发掘这些观念的文化涵义，确定其在民族的语言图景中的地位。以下，我们对其进行详细说明。

叶·弗·加尔金（2006）在其副博士论文《作为场性结构的"水"观念及其在俄语中的表征手段》中，借助词典确立俄语中"水"观念的称名场，确定其核心区、非核心区，并根据称名场的单位及约·阿·布罗茨基文学作品中出现的对"水"进行称名的单位所具备的隐喻意义，构建约·阿·布罗茨基作品中体现的"水"的隐喻场。但这种研究实际上是对约·阿·布罗茨基个人语言世界图景的分析。

阿·弗·特罗菲莫娃（2004）在《现代俄语中的"火"观念》中，基于各类语义词典，对"火"观念的内部结构进行构建，其中位于中心区域的涵义被其划分成九个小的片段，包括：现象的名称（如火、篝火、火焰、火灾等），燃烧的产物和结果，火所特有的行为，针对火进行的行为，在使用火烹饪食物时使用的相关动词，与火及其燃烧的产物相关的事物和场所，为获取火所需的物件，与火或燃烧的产物相关的人，武器及与火相关的自然现象。以此为基础，构建"火"观念的隐喻场，确定了进入"火"隐喻场的七个范畴：人、人的身体、人的眼睛、人的内心世界、水、生命及人之间的关系。

伊·谢·利维涅茨（2007）在其副博士论文《观念"空气"的语言文化学分析》中则是通过与称名"空气"观念的词语进行述谓搭配的词语，来明确"空气"的哪些特征对俄语语言文化社团具有重要作用。但伊·谢·利维涅茨的研究是通过借助其他的单位对"空气"进行"度量"来剖析俄语语言文化中的"空气"观念，这种研究视角与我们的研究视角恰好相反。

阿·叶·谢缅诺夫（2009）在《"土地"观念言语化的俄语成语和词汇手段》中，分析了对"土地"观念域进行言语化的词汇和成语等语言单位，认为它们构成场性结构，且可分出中心区和边缘区，而对成语的分析则借助框架理论中的"节点（слот）"这一机制进行，并得出了俄语中"土地"观念的"动作的突然性""空间位置变化程度""失去基础的过程"等25个框架节点，而其中"失去基础的过程""情感变化"及"身体在空间中的移动"三个框架节点具有最多的成语单位作为表征,这也充分说明了"土地"观念的上述三个节点涵义对以俄语为母语的人的重要作用。

上述论文中对"水""火""空气"和"土地"观念的分析具有共性的地方,都是从表征这些单位的基本语义入手,再扩展到进入它们涵义空间外围区域的单位,这种方法可被我们所借鉴。

1.1.2 国内语言学界"基本原素"观念域的研究现状

在国内俄语学界,"基本原素"也得到了学者的一定关注,但对"基本原素"这一观念域或观念域中个别单位的研究还是相对较少;与此同时,在国内汉语学界,也存在对五行的研究,而五行中的成素与斯拉夫民族创世的基本原素部分重合,基本原素在俄罗斯文化中的作用就相当于五行对于中国文化的作用,因此,国内汉语学界对五行中相关成素的研究对我们的研究也具有一定的指导作用。

1.1.2.1 国内俄语学界的研究

国内俄语学界对"基本原素"观念域中"水"这一单个观念的研究相对较多。王松亭(1999)在《隐喻的机制和社会文化模式》一书中从隐喻的视角对"水"观念进行了研究。他借助成语、谚语、俗语、小说、诗歌等材料,分析"水"所载蓄的文化涵义,构建了"水"观念的日常生活隐喻引力场、文学引力场、哲理引力场。他指出了隐喻同时隶属于语言和言语体系的二重性,提出了在社会文化背景作用下形成的隐喻引力及隐喻引力场的概念,并提出了隐喻的社会文化模式——"社会文化模式即指隐喻引力是在一定的文化因素的制约之下形成,这个社会文化模式具体表现为社会历史背景、文化传统和风俗习惯",究其实质,这是对隐喻和隐喻化产生的一种文化寻根,对我们的研究有很大的支撑、启发和借鉴作用。杨海云在《俄汉语言文化空间中"水"的文化观念对比》一文中,以俄汉语中含有"水"概念的成语为语料,对比分析俄汉语中"水"所蕴含的文化涵义的异同。其中共性的方面表现在:作为正面形象的水,在中俄文化中都可用于隐喻母亲、生命、幸福;而作为负面形象的水,都可隐喻痛苦、不幸和"内容空洞"之物;并且,在俄汉语中,水都可用来隐喻人的性格、金钱、时间等。差异性的方面则表现在：在俄罗斯文化中"水"被赋予"命运"审判的神奇力量；而在汉民族文化中，特别注重发掘"水"在精神和智慧方面的意义。（杨海云，2017：18—23）在《语言文化学视角下斯拉夫神话中的"水"观念分析》中，作者借助斯拉夫神话情节和神话形象，对斯拉夫民族对"水"这一形象的认知进行分析，确定这种认知的矛盾性。（张艳凝、章自力，2017：78—82）

国内俄语学界对俄语中"火""空气""土地"观念的研究则更少。在《论原型范畴理论与一词多义现象——以多义词"огонь"为例》一文中，作者实际上是基于原型理论对"火"观念结构进行构建。关于"土地"观念，李畅在其硕士论文《语言文化学视阈下的俄语 ЗЕМЛЯ 观念研究》中采用尤·谢·斯捷潘诺夫对观念的历时分析方法，借助词源、报刊语料，分析"土地"观念的涵义进化过程。关于"空气"观念，我们未能找到相关文章。

另外，杨明天（2009）在《观念的对比分析——以俄汉具有文化意义的部分抽象名词为例》一书中，也涉及"水"和"火"，尽管他并未将"水"和"火"视为其研究对象。杨明天的研究思路在于将水和火这两种不加控制和分析就能自然而然观察到的完整现象作为一种格式塔去测量俄汉语言文化中作为抽象实体的观念，对"水"和"火"在测量情感、思想和道德方面观念的作用进行了分析。但他研究的落脚点在于揭示这些抽象观念在俄罗斯民族心智中的表征，并非对"水"和"火"本身进行研究。我们在本书中的研究是从不同的视角进行的，研究的目的也不相同。但杨明天的研究给了我们一定的启示："水"和"火"为何能对情感、思想和道德方面的观念进行测量？这是可以进行探讨的问题。

1.1.2.2 国内汉语学界的研究

而在汉语学界，主要是对与俄罗斯文化中的基本原素具有同等地位的五行的概念隐喻进行认知研究，既有对五行中五个原素的整合研究，如石勇在其博士论文《阴阳五行语境下的中医隐喻思维与隐喻话语研究》中以中医经典文本《内经》为语料，总结出中医隐喻话语的类型，并分析各种隐喻类型背后的社会文化理据，也有对单个原素的研究，如贾冬梅、蓝纯之五行隐喻研究系列，包括《五行之"火"行背后的概念借代和隐喻》《五行之水行背后的概念借代和隐喻》《五行之土行背后的概念隐喻和借代》等，以概念隐喻理论为理论基础，通过分析古代和现代汉语语料，划分出"水""火""土"等的概念隐喻类型。

从文献综述的情况来看，我们发现，基本原素这一观念一直以来受到了学者们的普遍关注，在哲学、民俗学、语言学、语言文化学等不同学科中被从不同视角进行研究，但在以下几个方面还存有一定的研究空间：首先，水、火、空气、土地在斯拉夫文化中作为创世的基本原素，具有同等的地位，成为一个体系，将它们置于同一观念域中进行研究，有助于更好地了解它们，但是在该方面的研究还较少；其次，它们不可避免地与作为认知主体的人联系在一起，故对二者隐喻互动关系的研究具有重要意义，而在对"基本原素"观念域中的这四个观念进行研究时，研究"基本原素"和"人"隐喻互动（这里隐喻不仅被视为已固化的隐喻性语言表达，而且也是一个动态的思维过程）的成果并不多见，故我们进行这个方向上的研究，并借助各个层级的语言材料对"基本原素"和"人"隐喻互动中所呈现的特征进行分析是有一定价值的；最后，基于研究对象的复杂性，研究方法的发展变化及研究材料的多样化为从新的视角进行研究提供了一定的空间。基于以上几点，我们拟对"基本原素"和"人"观念域之间的隐喻互动关系进行研究。

1.2 "人"观念（场/域）研究状况

因为"人"观念域是"基本原素"观念域进行隐喻投射的目标域，我们需对其进行一定分析。对"人"观念域研究现状的综述，我们也从国外（主要是俄罗斯）语言学界和国内语言学界两个方面入手。

1.2.1 俄罗斯语言学界"人"观念（场/域）研究状况

人作为认知的主体和客体，是一个多维的综合体，一直都是语言学的重要研究对象。人可以是理性的、创造性的、社会性的、能够言语的、能够行动的、具有情感的，而学者们总在试图从不同的视角揭开这个"庞然大物"的冰山一角。所以，对"人"观念的研究可谓不胜枚举。仅最近几十年俄罗斯语言学界对"人"观念（场/域）所进行的研究可大致归为以下几个方向：认知视角研究［包括以娜·丹·阿鲁玖诺娃（Н.Д.Арутюнова）为代表的语言逻辑分析课题组的认知视角研究和以嘉·尼·斯科利亚列夫斯卡娅为代表的隐喻认知视角研究］、以尤·尼·卡拉乌洛夫（Ю.Н.Караулов）为代表的辞典学视角研究及以尤·谢·斯捷潘诺夫和维·格·科斯托马洛夫（В.Г.Костомаров）为代表的语言文化学视角研究。

1.2.1.1 "人"观念（场/域）认知视角研究

从认知视角对"人"观念（场/域）进行分析的成果又可被分成以娜·丹·阿鲁玖诺娃为代表的语言逻辑分析课题组的认知语义研究及嘉·尼·斯科利亚列夫斯卡娅、维·尼·捷莉娅（В.Н.Телия）等学者的认知隐喻视角分析。

在娜·丹·阿鲁玖诺娃和伊·博·列翁金娜（И.Б.Левонтина）共同主编的《语言的逻辑分析。文化和语言中人的形象》（«Логический анализ языка. Образ человека в культуре и языке»）一书中，学者们对"人"这一研究对象进行了深入探讨。研究被分成了四个板块。在第一个板块中，叶·弗·乌雷松（Е.В.Урысон）使用经典作家文学文本材料分析"心灵"和"灵魂"的区别和联系，以重构俄罗斯人有关人的原始观念；谢·叶·尼基塔娜（С.Е.Никитана）则借助不同体裁的民间创作文本（咒语、宗教诗、勇士赞歌等）分析"心"和"灵魂"观念，将二者置于灵与肉、内在与外在、生与死的对立中；安·阿·扎利兹尼亚克（А.А.Зализняк）和伊·博·列翁金娜分析"离愁"和"烦闷"观念；奥·尤·博古斯拉夫斯卡娅（О.Ю.Богуславская）选取"理智"观念作为其分析对象。通过这些研究，语言逻辑分析课题组的学者们试图揭示俄罗斯民族语言意识中"人的内在"。在第二个板块中，研究者利用不同语言层级的单位来研究语言中的"人"：弗·格·加克（В.Г.Гак）通过对比俄语和法语中对人进行称名的单位的异同来分析被固定在语言中的有关被称名对象的特征；德·瓦伊斯（Д.Вайс）则分析关于人的四个观念，即"人（ЧЕЛОВЕК）""人物（ЛИЦО）""个性（ЛИЧНОСТЬ）""重要人物（ОСОБА）"之间存在"劳动分工"性关系；伊·博·列翁金娜分析表示人状态的观念"懒惰"；马·阿·克罗加乌斯（М.А.Кронгауз）分析人的称呼语作为构建交际空间的手段。第三个板块则重在分析人在言语交际活动和认知活动中的主体地位：塔·叶·扬科（Т.Е.Янко）探讨句法位置、词汇手段（如 странный, новый, какой-то）等在表达人在语言中主体地位的作用；阿·弗·季梅尔林（А.В.Циммерлин）借助谓项来分析不同语言中作为状态和评价主体的人。第四个板块是探讨印欧语系语言中人的民族形象问题：康·根·克拉苏欣（К.Г.Красухин）通过分析总结出印欧语言中"人"的三个历史语义成素——生活在一定的环境中、自由、有对话能力；塔·弗·托波罗娃（Т.В.Топорова）论证神话形象"Имир（伊米尔）"与人的同构性；塔·阿·米阿伊洛娃（Т.А.Миайлова）力图证明苏格兰文化"死亡"这一概念的拟人化；奥·阿·卡扎克维奇（О.А.Казакевич）借助民间创作来揭示俄罗斯少数民族文化中人的情感"愤怒"和"恐惧"的文化涵义。总之，这本书作为集体智慧的结晶，每位学者选择一个小的切入点来探讨进入"人"涵义空间中的精神价值和社会价值成素，分析诸如"心灵""灵魂""离愁""烦闷"等数量有限的文化元语言，和语言文化学中所倡导的文化观念分析具有千丝万缕的联系。故而，把各位学者的分析结果联合成整体的话，该论文集实际上是对语言和文化中的"人"观念域的研究。此外，娜·丹·阿鲁玖诺娃在其鸿篇巨制《语言与人的世界》（《Язык и мир человека》）中专门辟出章节，对在语义框架下人的称名单位进行分析，以探讨"人"观念。在她看来，对人进行称名的单位的多样性是因为人所生活、扮演角色的世界的多样性，所以，她着重区分了人与相似的概念"人""人物""个性""重要人物"的区别。她的分析是在语言逻辑分析的概念分析框架下进行的。而语言逻辑分析课题组的概念分析的哲学性使得其概念分析主要限于具有哲学意义的有限概念，这为我们从更多的维度研究"人"留下了一定的空间；另外，其"以内容为导向、以形式为依托的'意思→文本'的研究思路"（陈勇，2011：44）也为我们从更广泛的文化文本出发分析观念提供了依据。

对"人"进行隐喻认知研究最具代表性的是嘉·尼·斯科利亚列夫斯卡娅。在专著《语言系统中的隐喻》（«Метафора в системе языка»）中，嘉·尼·斯科利亚列夫斯卡娅指出在对"人"一词的语义域进行分类后，需要使用隐喻性称名单位对各个分区进行填充。她提出了对人的隐喻性称名的产生主要和遵循一定方向的隐喻转移有关："物件→人""动物→人""人→人"。更为重要的是，作者强调隐喻的文化规定性，提出了隐喻文化模式的观点。所以，嘉·尼·斯科利亚列夫斯卡娅在一定程度上为我们的研究定下了一个基调：文化因素可以被纳入隐喻的研究范围。

另外，弗·泽·尼涅尔利（В.З.Нинель）的副博士论文《人的稳定性形象称名》（«Устойчивые образные номинации человека»）在一定程度上也是隐喻视角下的研究。在论文中，研究者旨在寻找用来称名人的固定形象单位，提出了以一个基础形象为基础，借助联想特征扩展而建立的"形象族（гнездо образов）"的观点，并确立了人形象称名单位中最具能产性的结构语义模式："动物→人""植物→人""无生命物件→人""人或神话、文学形象等→人"。在这四种结构模式中，第四种实际上和先例有关，而前三种如果我们换个角度看的话，实际上是隐喻模式。在论文中，研究者将隐喻视为与成语、固定结构处在同一等级的形象的词汇单位，与它们一同参与上面所提到的"形象族"的构建。研究者对上述结构语义模式的能产性的研究，对我们进行隐喻理据性分析具有指导作用；但在文章中，隐喻被作为一个注释项，是扩展联想场的手段之一，总体上说还是一种现象的描写。

故在认知隐喻视角下,隐喻被视为一种认知手段、一种语义引申的方式,但其文化规定性和文化标记性也逐渐显露出来,需要得到研究者的重视。

1.2.1.2 "人"观念(场/域)的词典学视角研究

词典编撰学也是对"人"进行研究的另一个主要方法。在这个方向上,学者们主要按照上下义位和区分关系来进行词典意义结构的安排(Никитин,1988:88)。其中,值得一提的是瓦·维·莫尔科夫金(В.В.Морковкин)于 2004 年主编的《俄语的词汇基础》(«Лексическая основа русского языка»)。在该词典中,作者根据上下义位关系,分出人作为动物性存在、理智性存在及社会性存在的三个大类描写,并使用情感、意志、智力活动、状态、行为等小的区分性类别进行填充。这个方向上的研究实际上还是建立在成分分析基础上的词汇语义群的划分,对我们的研究有一定的参考价值。但我们在本研究中,采用了不同的研究视角。在另一部维·尼·捷莉娅主编的《俄语形象表达词典》(«Словарь образных выражений русского языка»)中,词典编纂者根据作为世界图景片段的"人"的不同语义场,包括人的内外部特征,人的行为活动及人活动情境的特点、时间和空间等,将成语连接成组,以分析成语这一语言事实类型如何记录俄语语言世界图景中关于"人"的片段(Телия,1995:5—6)。尤·尼·卡拉乌洛夫也从词典学的视角对"人"现象进行了研究。尤·尼·卡拉乌洛夫认为当今词典学的一个重要趋势是在词典编撰过程中反映语言各个层级的问题(Караулов,1981:5)。在这一学术思想的指导下,他将语言和文化关系也纳入词典编撰设定的范围中,譬如在 2004 年面世的《斯拉夫联想词典》(«Славянский ассоциативный словарь»)中,他在联想实验的基础上对俄语、白俄罗斯语、保加利亚语、乌克兰语中"人"一词的联想场进行了描述,对上述语言中进入该联想场的各个成员的使用频率进行了统计,对我们的研究具有较大的参考价值。格·瓦·托卡列夫(Г.В.Токарев)在《人的定型性称名词典》(«Словарь стереотипных названий человека»)中提出"准度量(Квазиэталон)"

这一概念——用来表示关于人的某些特征或品质之标准观点的语言文化单位,将俄罗斯语言文化中的"人"解构成贫富、善恶、外貌、年龄、行动特征、道德特征、职业、人际关系等 22 个板块,并按照文化编码对每个板块下的准度量单位进行分类,其中有大量的准度量单位,实际上就是静态的隐喻结果。综上所述,词典学视角下的"人"观念(场/域)的研究表现为根据语义关系构建的人的各个方面的各种语言表现手段的组合,至于对于同一被称名对象为什么有且仅有为民族语言载体所熟悉的称名单位的问题,并未做出解答,我们在本研究中试图选取其中的一个小块,进行分析,并揭示原因。

1.2.1.3 "人"观念(场/域)的语言文化学视角研究

随着语言文化学独立学科地位的确定,这一视角下"人"观念(场/域)的研究,成果颇丰。

尤·谢·斯捷潘诺夫在《俄罗斯文化常量词典》中,确定了界定"人"这一俄罗斯文化常量的三个最基本参数:A,"人"与"世界/上帝"(包括上帝众神、鬼怪和动物)的关系;B,"人"与"类似物"的关系(可归结为"自己"和"他人"的对立);C,"人"与"社会"的关系。并且他在此基础上确定了"人"和"个人"是处在 A→B→C 这一发展序列的不同发展阶段,并借助词源、编年史资料阐释俄罗斯人民族语言意识中"人"观念的内核,界定该观念在俄语语言世界图景中的地位(Степанов,2004:717—718)。

斯·阿·科沙尔娜娅(С.А.Кошарная,2003)在《俄语语言世界图景中"人与自然"神话综合体的语言文化学重构》(«Лингвокультурологическая реконструкция мифологического комплекса ЧЕЛОВЕК-ПРИРОДА в русской языковой картине мира»)一书中对神话进行广义的理解,将词语的词源视为神话的一种形式,通过对斯拉夫神话形象及与"人"观念相关的语言单位的词源进行分析,对"人与自然"这一综合体的神话世界图景进行解构,确立了"人"观念域中的重要观念,如"种族""时间""上帝""家""祖辈"与"自然"观念域中"树"观念之间的对应关系,借此厘清"人"和"自然"观念域中相关观念的涵义空间,得出了斯拉夫民族文化中"人"观念域和"自然"观念域具有建立在人类中心主义基础上的同构性的结论。但如上所述,斯·阿·科沙尔娜娅主要是从植物性文化编码"树"去分析"人"观念域和"树"观念域之间的同构关系。

随着语言学领域中知名学者和专家对"人"观念(场/域)研究的深入,"人"观念(场/域)的语言文化分析在俄语语言学界成为副博士、博士论文的重要研究课题。

首先,我们必须要提到的是阿·伊·格里亚耶夫(А.И.Геляев,2002)的博士论文《语言世界图景中作为称名对象的人》(«Человек как объект номинации в языковой картине мира»)。这是对"人"观念研究较为全面的作品之一。研究者结合其词典编纂经验,对表征"人"观念的不同语言单位进行分析,并对其语言、认知和语言文化特征进行分析。在语言分析方面,主要是厘清对"人"进行称名的方法和类型,对称名词汇语义群进行逻辑-语言分析;在认知方面,主要是以进行称名的语言符号与被称名对象之间的关系为依据,分析对"人"进行称名的机制和策略,解释含有概念化方法和"路径"信息的称名单位;在语言文化方面,主要是确定具有文化规定性的"人"的称名单位及其成因、其所表征的民族意识的特点,并找出在"人"的称名单位中所潜藏的心智模式及价值取向。作者在认知和语言文化学方面的分析,特别是将神话视为某些"人"的隐喻性称名的基础的研究视角更为我们研究的可行性提供了支撑。但是,需要指出的是,作者在分析时,只是对隐喻化后固定在语言中的对"人"进行二次称名的语言单位,也就是"静态的隐喻"进行分析;同时,因为语料的选择,作者在分析"人"的称名单位时,并未涉及我们确定的分析对象——"基本原素"观念域的四个基础观念"水""火""空气""土地"(在该文章中应被称为"вода""огонь""воздух""земля"四个词),这也为我们的分析留下了空间。

其次,阿·弗·帕西娜(А.В.Пашина,2006)在其副博士论文《伊·米·叶尔马科夫民间故事中"人"的观念》(«Концепт человек в сказах И.М.Ермакова»)中通过分析"人"观念的内容,对"人"

观念在俄罗斯作家伊·米·叶尔马科夫的语言个性中的地位进行了分析。她对"人"观念的内容的分析具体包括：确定叶尔马科夫作品中表征人的语言单位，借助上下文对所使用的语言单位进行解释，并划分出叶尔马科夫作品中所体现的"人"观念的核心和边缘部分（从这一点看，研究者实际上是进行"人"观念域的研究）；继而通过"自我—异己"的俄语对立范畴，建立作家个人语言世界图景中的片段与俄罗斯民族语言世界图景的相应片段的联系。在这里，研究者虽然是对个体语言意识、语言世界图景进行分析，但其使用的语言材料、将"人"观念与"自我—异己"二元对立范畴的相关联的研究视角对我们具有一定启发作用。

此外，我们还可见到一些期刊文章对"人"观念进行研究，德·谢·叶格尔（Д.С. Егор）的《布罗茨基诗歌中的"人"观念》（«Концепт ЧЕЛОВЕК в поэзии И.Бродского»）研究布罗茨基的诗歌中表征"人"的语言单位，通过该单位与述谓的搭配来研究布罗茨基个人语言意识中的人的特点；玛·彼·季娅科诺娃（М.П. Дьяконова）的《鄂温克族神话创作中的"人"的观念》（«Концепт человек в эвенкийском мифологическом цикле творения»）以神话为语料分析鄂温克族人"人"观念的形成。从总体上看，这些研究都是对"人"观念域中的某一个或几个单位进行分析。

1.2.2 国内语言学界"人"观念（场/域）研究状况

通过知网搜索，我们并未发现国内俄语学界中存在以"人"观念（场/域）为研究对象的文章，但不少研究者选择对"人"观念（场/域）中某一重要观念进行研究。在知网学术资源检索中输入"观念""概念"及"концепт（观念）"进行检索并对检索结果进行筛选后，共计得到85个和"人"相关的结果，其中包括21篇期刊文章、61篇硕士论文和3篇博士论文，共涉及29个研究对象。其中，"身体（ТЕЛО）""心（СЕРДЦЕ）""美（КРАСОТА）""笑（СМЕХ）""懒惰（ЛЕНЬ）"是对作为物理性存在的人的局部描写，"爱情（ЛЮБОВЬ）""忍耐（ТЕРПЕНИЕ）""友情（ДРУЖБА）""忧愁

（TOCKA）""嫉妒（ЗАВИСТЬ）"等观念则涉及人的情感方面，"记忆（ПАМЯТЬ）""意志（ВОЛЯ）""信仰（ВЕРА）""智慧（УМ）"是和人的心智活动相关的观念，"命运（СУДЬБА）""生—死（ЖИЗНЬ-СМЕРТЬ）""幸/不幸（СЧАСТЬЕ/НЕСЧАСТЬЕ）""时间（ВРЕМЯ）"则关乎人的存在性，而对"孩子（ДЕТИ）""女人（ЖЕНЩИНА）""男人（МУЖЧИНА）""家庭（СЕМЬЯ）""自我—异己（СВОЙ-ЧУЖОЙ）""家（ДОМ）""罪过（ГРЕХ）""善/恶（ДОБРО/ЗЛО）""欺骗（ОБМАН）""良心（СОВЕСТЬ）""礼貌（ВЕЖЛИВОСТЬ）"等观念的分析则是对作为社会性存在的人的局部描写。

综上所述，"人"作为认知的主体和客体，虽然当前学者们已经从认知、语言文化等各个方面对其进行了相关的研究，但基于这一研究对象的复杂性、重要性和多样性，从不同视角进行分析仍具有重要的价值。

1.3　本研究拟突破的方面

第一，将"水""火""空气""土地"四个观念置于"基本原素"观念域中，进行观念的整合性分析，以期更好地把握其在俄罗斯文化空间中运行的特点。

第二，阐释隐喻的文化标记性和文化规定性，对隐喻研究的文化转向进行抽丝剥茧的分析，明确其作为语言文化学子系统的重要地位。

第三，从隐喻的视角对"基本原素"观念域中的"水""火""空气""土地"四个构成成素进行分析，提取它们与"人"观念域隐喻互动所产生的隐喻模式。

第四，以隐喻模式作为"基本原素"和"人"观念域间隐喻互动的物化手段，分析其隐喻模式中存在的特性。

第五，借助观念中的原型涵义为隐喻模式所呈现的特点进行阐释，寻找其深层的文化原因，并在该过程中揭示"水""火""空气""土地"四个观念所蓄载的文化涵义。

第 2 章 "基本原素"和"人"观念域
隐喻互动研究的理论基础

我们的研究在人类中心主义范式框架下进行,涉及语言文化学、语义学、认知语言学、民族语言学、文化学、民俗学等诸多学科的相关内容。在研究中,我们所涉及的理论工具有隐喻的相关理论,语言文化学中的观念、观念域及从文学批评理论中引入语言文化学的原型理论等。在本章中,我们将对相关的概念、理论进行介绍和阐释。其中,对隐喻相关研究理论进行分析时,我们并非只是对不同视角下的隐喻理论进行简单介绍,而是通过对这些理论的分析和理解,得出隐喻研究的文化转向这一趋势,继而结合俄罗斯学者和国内学者的观点,确立隐喻作为语言文化学子系统的地位;而对观念、观念域等相关术语的介绍,我们的落脚点在于确立观念域的多中心场性结构。

2.1 隐喻研究的文化转向

在两千多年的存在历程中,隐喻从文体"点缀物""调料"发展成为在人类思维、行动及语言中熠熠发光的思维和认知方式。隐喻不再是语言中因意义的无限性凌驾于符号的有限性之上而被迫产生的模糊性或经济性的表意方式。俄罗斯语言学家和心理学家列·谢·鲁宾施泰因(С.Л.Рубинштейн)早在七十多年前就表示:"隐喻并非一种只能粗略表达意义的方式,实际上,它可非常明确地表达涵义。"（Рубинштейн，1946：11）莱考夫和约翰逊认为"隐喻在日常生活中无处不在"（Lakoff，Johnson，1980：3），因此是"我们赖以生存的隐喻"。弗·格·加克更是强调："隐喻并非因其被需要而产生，而是因为它必不可少，因为它就存在于人的语言和思维中。"（Гак，1988：11）隐喻的这一华丽转身，和无数学者在这一领域不遑暇食的学术钻研和探索是分不开的——不同的理论工具和研究机制分别不断被开发和制定出来，用于揭示和阐释隐喻的产生、运行和理解。通过文献资料的收集和阅读，我们发现隐喻研究主要呈现以下视角。

2.1.1 修辞学视角下的隐喻研究

古典隐喻理论的代表者，如亚里士多德、西塞罗、昆体良，主要是在修辞学的视角下进行隐喻研究。就隐喻的本质而言，修辞视角下的隐喻实际上是一种"替代论"——隐喻通过把属于别的事物的词给予另一个事物而构成，其应用范围包括以属喻种、以种喻属、以种喻种和彼此类推（亚里士多德，1998：149）；或者"比较论"——认为隐喻是某种相似或类比的陈述。至于隐喻的功能，在他们那里，隐喻主要被视为修辞手段，或是演说术中增强言语表现力的基本手段之一。修辞视角下的隐喻研究是对隐喻的首次系统性研究，对隐喻构建的目的（修饰、美学目的），构建的方法（对比转换），隐喻的分类（昆体良划分出了隐喻化的四个方向：有生命事物→有生命事物，无生命事物→有生命事物，有生命事物→无生命事物，无生命事物→无生命事物)，隐喻使用的原则(亚里士多德提出相称原则，即隐喻的使用应合理、与表达的主题要相称）等众多根本性问题做出了解答。（Лагута，2003：19—23）以亚里士多德的理论为代表的修辞隐喻理论成为后来隐喻理论发展的出发点。当然，修辞学视角下的隐喻研究也存在不足之处，比如未能明确区分隐喻与其他修辞类型、忽视隐喻的语用性和认知性，但这是当时时代局限性和学术发展规律所决定的，不应苛求。

2.1.2 认知视角下的隐喻研究

在隐喻研究漫长的发展过程中，隐喻的认知转向首先要归功于意大利哲学家维柯。作为人类历史上第一个从语言和文化的角度解释隐喻现象的人，维柯将隐喻视为一种经历事实的方式和生活方式，是真理在想象中的投影，因而它总是处于"人的创造"的中心（王松亭，1999：15）。随后，持浪漫主义隐喻观的学者，如柯勒律治、华兹华斯、雪莱等继承和发展了维柯的学术思想，将隐喻性视为语言的本质属性。隐喻从语言的"附加物""装饰品"上升为语言的本质属性，这为隐喻的认知研究准备了土壤。

隐喻认知研究的根本出发点是重视隐喻对人类认知和思维活动的作用，揭示隐喻化的深层机制，研究隐喻作为开启进入具体的语言个性、社团、民族甚至是整个人类概念系统大门的钥匙。自 20 世纪 30 年代隐喻转入认知研究的轨道后，学者们在认知视角下的隐喻研究取得了丰硕的成果，我们这里主要对其中更具影响力的隐喻互动论、概念隐喻论和概念整合论进行介绍。

2.1.2.1 隐喻互动论

隐喻互动论首先由理查兹在《修辞哲学》一书中提出，并由哲学家布莱克修正。理查兹对隐喻的研究从表面上看似乎仍未挣脱修辞学的藩篱，但他指出传统修辞理论忽视隐喻本质上是思想的交流，实际上是对修辞学的反思（束定芳，1997：28），所以我们在这里将其纳入隐喻认知研究的范畴。理查兹在批判性继承隐喻"比较论"的基础上，提出隐喻互动论——在使用隐喻的过程中，两个表示不同事物的概念通常被结合起来，其意义是这两个概念互动作用的结果（转引自崔艳辉，2015：14）。这两个不同的概念被理查兹冠以"本体"和"喻体"的称号。同时，理查兹还提出了隐喻无所不在的原则，并多次强调隐喻的思维现象，指出隐喻是思维之间的借用交际。理查兹的隐喻互动论使其成为将隐喻从传统修辞术中解放出来并提出思想中对事物形成隐喻观念先于语言隐喻的第一人（胡壮麟，2004：38）。但是，至于两个观念互动的过程，理查兹将其归结为大脑的功能，因为大脑具备将事物联系在一起的能力，大脑的工作总是有目的的（崔艳辉，2015：15）。所以，我们从这里也可以看出来，理查兹并未对隐喻化过程的认知机制进行深究。但他将隐喻与人类认知世界的活动关联起来，已经向前跨了一大步。

布莱克对理查兹的隐喻理论进行了进一步发展，使隐喻"互动论"成为继"比较论"和"替代论"之后最具影响的第三种隐喻理论（束定芳，2000：3）。理查兹将隐喻过程中本体和喻体之间的互动笼统归功于大脑的功能，并未对大脑具体如何运作进行深究，故布莱克将注意力主要集中在隐喻化过程中人如何创造喻体和本体相似点这一思维操作上。他提出了隐喻相似性具有创造性的命题并指出隐喻的"过滤性"作用。布莱克使用"Richard is a lion"对上述两点进行解释：事实上，在人的大脑中并非预先就存在"Richard"和"lion"的某种相似性联系，但在这两个词所表征的概念进行隐喻互动的过程中，有关两个事物的信息被激活，为了达到理解的目的，"Richard"和"lion"中部分信息分别被隐喻过滤掉，而剩下的部分信息则参与构成新的意义。布莱克有关隐喻创造新的相似性的观点非常直白地揭示了隐喻在人类认知活动中的重要作用。总之，"互动论"凸显了隐喻中始源域与目标域二者之间的互动性，并已经认识到了隐喻的认知价值，这就"为隐喻的认知研究奠定了基础"（蓝纯，2003：12）。

然而，在隐喻"互动论"中，在两个概念发生互动的过程中，思维似乎在进行"暗箱操作"——人脑会自动创建相似性、过滤本体与喻体中不需要的信息，而人的实际作用成了摆设，以至于给人一种误解，"似乎隐喻意义的产生，各个要素之间的相互作用是独立于人的因素而发生的"（谢之君，2007：21）。但实际上，隐喻是不能独立于人的因素而存在和起作用的，这些因素包括人的认知经验、认知能力、人所处的社会文化环境等。因此在后来的研究中，人的因素越来越受到重视。

2.1.2.2　概念隐喻论

作为语言学家和哲学家思想碰撞出的美丽火花，莱考夫和约翰逊提出的"概念隐喻"切切实实地将隐喻上升到人类认知方式的地位。莱考夫将隐喻定义为用一种事物来理解和体验另一种事物,而概念隐喻或是隐喻概念则被解释为从日常语言中抽象出来的基本的隐喻表达式,如"辩论是战争(Argument Is War)""爱情是旅程(Love Is a Journey)""理论是建筑(Theories Are Buildings)"等,用我们的话来讲,类似于俄语语法中的句子结构模式。而这些基本的隐喻概念是具有能产性的,能够生成无数日常语言的表达式。至于概念隐喻在日常语言中的体现,莱考夫以"辩论是战争(Argument Is War)"为例进行解释:Your claims are indefensible.(你的言论无可辩解。)/He attacked every point in my argument.(他对我论断的每一个点都进行了攻击。)/His criticisms were right on target.(他的批评正中目标。)/I demolished his argument.(我对他的论断进行了反驳。)(Lakoff,Johnson,1980:4)至于隐喻产生的机制,莱考夫和约翰逊将其归结为分别位于始源域和目标域的两个概念的映射(mapping),而隐喻产生的动因则被归结为人与自然互动过程中所积累的经验。这种对人的因素对于隐喻重要性的重视在两位学者对传统"比较论"和"替代论"的批评中也可见一斑——莱考夫和约翰逊指出了"比较论"和"替代论"的四种缺陷:"第一种谬论是隐喻是词语之事,而非概念;第二种谬论是隐喻以相似为基础;第三种谬论是所有的概念都是文字之事,并不涉及隐喻;第四种谬论是理性的思考与大脑和身体的本质无关。"(Lakoff,Johnson,1980:239—240,转引自邵钦瑜、冯蕾,2017:68—72)莱考夫和约翰逊即在对"比较论"和"替代论"的批判、对"互动论"的发展上建立起其"概念隐喻"理论:隐喻普遍存在于语言中,制约语言表达,但并非只是语言表达式;隐喻是系统的,概念隐喻能生成大量的日常表达式(谢之君,2007:38);隐喻是认知的,隐喻产生于认知,同时也推动认知的发展,在人类认知世界的活动的概念化和范畴化过程中起着重要作用。

2.1.2.3 概念整合论

在"概念隐喻"的基础上,福柯尼尔和特纳提出了"概念整合"

理论。相较莱考夫和约翰逊从日常语言中归纳出基本概念隐喻表达式，也即作为隐喻映射结果的概念关系——"概念隐喻"或"隐喻概念"，福柯尼尔和特纳将更多的注意力放在隐喻意义的在线处理上，按照王文斌的话来说，也即"试图解释隐喻及一般语言意义在线构建背后的认知冰山"（王文斌，2007：35）。在概念整合论中，最基本的单位是"心理空间"——是人们在进行思考、交谈时为了达到局部理解与行动之目的而构建的概念包（Fauconnier, Turner, 1996：13，转引自靳琰、王小龙，2011：196—240）根据福柯尼尔和特纳的阐述，概念整合理论的核心观点可被归纳成对两个原始输入心理空间进行整合、运演，最终形成一个新空间，即合成空间。若用更加通俗和形象的话来说，就像是几个物质在一定的规则下发生化学反应产生新的物质。具体如下：将两个输入心理空间中的共有结构以及共有的抽象信息提取出来并投射到类属空间中；并且，在这两个输入心理空间的基础上，通过跨空间部分映射、匹配，有选择地投射到第四空间，即合成空间中。其中，合成空间从两个输入空间中提取部分结构，经过认知加工后形成层创结构。四个空间相互投射，形成一个概念合成网络（见图1）。其中，输入空间1和输入空间2是概念隐喻论中与始源域和目标域相关的两个输入空间，这两个空间之间能形成跨空间映射。类属空间则反映两个输入空间共同的，通常是比较抽象的角色、结构和图式并规定输入空间之间的主要跨空间映射。因此，概念隐喻论最致命的弱点——将整个隐喻认知过程视为始源域向目标域的单一定向映射在概念整合论中得到了合理的修补。通过构建一个个概念包从而形成更为复杂的概念整合网络，最终展示出一个动态且更为全面的隐喻加工模型。因此，孙毅提出："如果说概念隐喻理论是对人们在文化、社会等因素的长期影响下形成的具有特定具身性隐喻的静态解读，那么概念整合理论则在此基础上更加聚焦于新奇的、动态的隐喻认知过程。"（孙毅，2023：34）

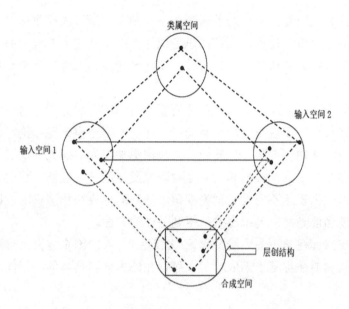

图 1　概念整合论四空间合成图（Fauconnier，1997：151）

因此，根据概念整合论，隐喻产生的过程即为四个空间之间的相互作用。其中，输入空间为概念整合提供"原材料"，相当于隐喻的"本体"和"喻体"，抑或"目标域"和"始源域"；类属空间则在输入空间的部分结构和元素向合成空间投射的过程中起到孵化新概念的作用（刘芬，2012：157），对跨空间映射具有"规定""指导"和"监视"作用（钱玲，2011：94）；而合成空间则是类属空间的具体化（刘芬，2012：157），它们在隐喻化过程中主要保证将"始源域"隐喻性投射到"目标域"。此外，作为合成空间核心的层创结构则集中显示了概念整合的结果（汪少华，2002：125），是使用输入空间提供的"原料"通过组合、扩展、完善的途径形成的与输入空间既相关又相异的结构。其中，组合即将两个空间投射的结果组合产生新范畴，扩展是对投射到合成空间结果的"运算"，而完善则是借助背景、认知和文化背景知识将组合结构从输入空间投射到合成空间。总体上，层创结构的形成遵循自身的独特逻辑，同时不断接受固有的知识、认知及文化模式的影响，因而并不直接反映输入空间的内容，而是烘托出一种崭新的整合意义。所以，在福柯尼尔和特纳的概念整合论中，人们在思考或交谈中不断建立心理空间，隐喻是在包括人的认知能力、背景、文化等诸多因素影响下跨心理空间映射的结果。

以上是我们对隐喻研究理论发展脉络的梳理和分析，而隐喻研究从替代论、比较论过渡到互动论，而后发展至概念隐喻论、概念整合论的认知转向和文化转向，为我们更加深入的研究提供了理论基础和分析工具。根据我们对隐喻研究发展脉络的理解，我们以图表的形式来表示不同隐喻理论视角下隐喻的形成和作用机制，以直观体现当前隐喻研究中越来越得到关注的方面。

在修辞视角下的隐喻替代论/比较论中，人的因素被完全排除在外，隐喻的产生基于不依赖于人而存在的本体和喻体的相似性，见图 2。

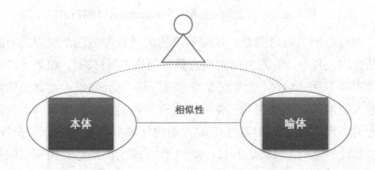

图 2　隐喻替代论/比较论视角下隐喻形成机制图示①

其中，人形图案在本体和喻体关系外部，表示人未被纳入隐喻研究中。

认知视角下隐喻互动论被分成了两个阶段：在理查兹提出的互动论中，初步将人大脑的思维互动纳入隐喻的形成机制中，但大脑具体如何运作，并不明确（见图 3）；在经由布莱克修正的理论中，对思维在隐喻形成中的作用有了一定的界定（见图 4）。

---

① 图中的人形图案表示人。

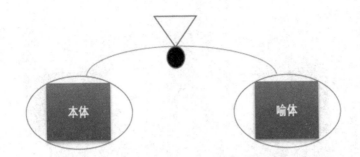

图 3 隐喻互动论（理查兹）视角下隐喻形成机制图示①

其中，黑色圆圈表示思维的混沌状态。

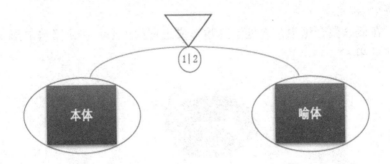

图 4 隐喻互动论（布莱克）视角下隐喻形成机制图示

其中，"1"表示思维的创造性作用，"2"表示思维的过滤性作用。

在概念隐喻论中，隐喻是基于人的经验的始源域（喻体）和目标域（本体）之间的投射，人的作用更加显著（见图 5）。

---

① 图中人形图案倒立的原因在于，在该阶段，仅将人的思维纳入本体与喻体的互动过程中。

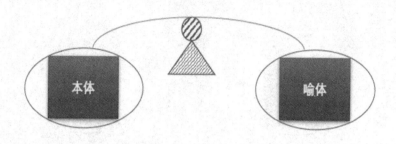

图 5　概念隐喻论视角下隐喻形成机制图示

其中，用来表示人的图案被添加斜线条，表示隐喻过程已牵涉到整个人。

在概念整合论中，人处于隐喻形成过程的中心，决定隐喻的形成（见图 6）。

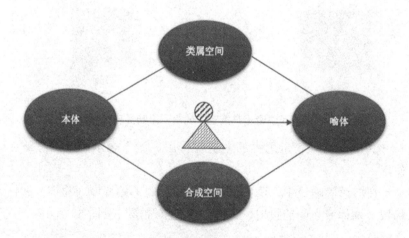

图 6　概念整合论视角下隐喻形成机制图示

从上述图 1 至图 6 中，我们可以非常直观地看到：第一，隐喻的形成以至少两个对象之间的关系为基础，且两个对象之间的关系存在一定方向；第二，随着隐喻作为人的普遍认知机制这一身份的确立，隐喻研究需要纳入更多有关人的因素，其中也包括与人密切相关的文化因素。

当然，隐喻和文化关系的研究绝非学术真空，众多学者在这一研究领域开展了研究。在研究隐喻和文化关系的问题上，主要存在两个大的研究方向。根据第一个方向，隐喻作为一种无处不在的认知原则和认知方式，被赋予本体性地位，隐喻决定包括语言、神话、宗教、艺术及科学在内的人类文化基本形态；基于隐喻的这一本体性地位，有的学者汲取语言文化学学科创建的灵感，提出建立隐喻文化学的主张，旨在将隐喻视为文化的元语言，从隐喻视角进行不同文化现象的研究。根据第二个方向，隐喻既被视为认知方式，又被视为这种认知方式的结果，在参与语言世界图景构建、通过隐喻模式在人的意识中重构我们所生活的世界的过程中规定文化的同时，又受到语言和文化的规定，"一个概念隐喻的形成主要会受到体验和文化两者的共同影响。通常概念隐喻源于体验，然而文化模式会对这种体验进行'过滤'，使其投射于特定的靶域［目标域］，另一方面，文化模式本身也经常由概念隐喻构成；总的来说，没有体验就没有世界观，然而这样的世界观是带有文化色彩并处于隐喻框架之内的"（Ning Yu，2003：13—31）；有的学者则依据怀特提出的"行为是文化的函数"这一命题，指出隐喻是在一定文化背景之下得以实施的符号行为、心理行为、言语行为、认知行为，也即文化行为（王松亭，1999：209），应当构建隐喻的语言文化模式。在本课题中，我们主要从第二个方向进行隐喻研究。

2.1.3 语言文化视角下的隐喻研究

语言文化学是在人类中心主义范式下建立的交叉性学科，其根本研究任务在于通过语言研究民族文化。这一视角下的隐喻研究，既注重隐喻的认知性，也强调隐喻和语言、文化之间的关系。一方面，隐喻被视为构建人类语言世界图景的重要手段，对某些涵义（特别是对具体民族具有重要作用的涵义）的概念化具有重要作用（Москвин，1997：25）。隐喻从实质上看，是人借助隐喻模式在意识中对我们所生活的世界进行重构的一种认知文化行为（Ефимович，

2012：55）。另一方面，隐喻作为隐喻化认知过程的结果，往往使用语言作为符号，成为表征民族文化的方式，进而成为我们追溯人对现实态度所遗留下的痕迹。总之，隐喻是语言文化学的重要研究对象。

2.1.3.1 隐喻作为语言文化学的子系统

隐喻是语言文化研究的重要对象。例如，俄罗斯学者将隐喻研究的各个视角分成两个大类，一类是对于隐喻进行编码，比如神经语言学、认知语言学、语言类型学、言语行为理论等；而另一类则是对隐喻进行解码，其中就包括语言文化学。（Лагута，2003：11）嘉·尼·斯科利亚列夫斯卡娅从固定在语言中的、作为隐喻化结果的语言隐喻出发，分析隐喻转移的"正规体现"①（如动物→人，物件→人等）。维·尼·捷莉娅则从成语入手，分析语言隐喻中所固定的文化伴随意义，并在此基础上确定借助隐喻所表达的评价意义。瓦·阿·马斯洛娃指出，在对隐喻进行阐释时，一定会出现某些涵义的丢失，只有借助文化能力（культурная компетенция），语言集团的成员才能对隐喻进行阐释，而这恰恰使得隐喻成为语言学语言文化方向研究的重要对象。（Маслова，2001：95）杨明天（2009）则将隐喻视为以抽象名词作为物化手段的俄汉观念的一种对比机制，因为通过述谓隐喻，在物质上空洞的抽象观念变得具有可比性。如果说上述学者在进行语言文化研究时，都将隐喻纳入其研究视野，那么维·弗·克拉斯内赫（В.В.Красных）则是正式提出将隐喻视为语言文化学的子系统。她在《语言文化词典和语法》（«Словарь и грамматика лингвокультуры»）一书中划分出语言文化学的四大子系统，分别是标尺子系统（эталонная подсистема）、象征子系统（символическая подсистема）、认知子系统（когнитивная подсистема）及隐喻子系统（метафорическая подсистема），且四大子系统相互联系、相互作用，对语言文化进行局部或完整的描写。

----

① 鉴于隐喻模型与结构语法中提出的句子结构模式在功能上的相似性，我们在这里借用语法学中的术语"正规体现"。

1）标尺子系统

标尺是指用来对某一现象进行评估的尺度或标准，譬如，在俄语语言文化中，用来衡量"懒惰"的标尺就是"奥勃洛莫夫"，而衡量"极小数量"以及"极大数量"的标尺分别为"水滴"和"海洋"。标尺由两个部分构成——实质涵义和该涵义外化的符号（主要是语言符号）。标尺子系统由对民族文化具有重大意义的基本标尺构成。在对标尺子系统进行研究时，维·弗·克拉斯内赫特别指出对标尺进行跨文化研究的意义，她认为，通过对比分析得出在某一语言文化中存在而在另一语言文化中缺失的标尺的实质涵义具有非常重要的学术意义。然而，当前这一方向的研究几乎是空白。

2）象征子系统

象征子系统由基本象征构成；而象征在语言文化学中则被理解为一种文化单位，其基本功能是在保证不发生明显意义变动的前提下进行形式替换，譬如，十字架即可作为基督教的象征。象征和标尺非常类似，也可分成"内容"和"形式"两个层面，分别为"被替代物（замещаемое）"和"替代物（замещающее）"。对象征子系统进行跨文化对比研究时，我们很容易能看到象征子系统的文化规定性和文化标记性。首先，在"形式"层面，也即"替代物"层面，在不同文化中表现出的更多是差异——因为在这一层面的重合需要共同的文化；其次，在"被替代物"层面的重合也是有条件的——需要被替代的对象也是由文化所决定。

3）认知子系统

认知子系统由基本心智事实（ментыфакты）构成，是语言文化学研究的传统"阵地"。心智事实实际上是人的意识的内容，包括知识（знание）、概念（понятие）、观念（концепт）、表征（представление）四个大类，而每个大类又可被细分成若干小类。某些小类，有的可能具有文化规定性，如知识，而有的则一定具有文化标记性，如观念和表征。认知子系统的结构见图 7。

在这里，我们对图中出现的术语稍作说明。

知识：保存在人长时记忆中的、具有一定结构和层级的信息单位所构成的一个系统,但在有意识付出努力的情况下,其可被改变。

知识具有以下特性:体系性,保存在长时记忆中,在自觉性努力下可被改变;具有客观性、正确性和真理性,无表情性、价值性和评价性;就知识本身与文化的关系而言,知识并不具备文化决定性,但具有文化特性。

概念:对现实进行逻辑理性思考的结果,是普遍化、范畴化和系统化思维活动的结果。

概念在人社会化的过程中形成,无表情性、价值性和评价性;概念具有文化决定性,这种决定性体现某一概念在某一种文化中是否存在。

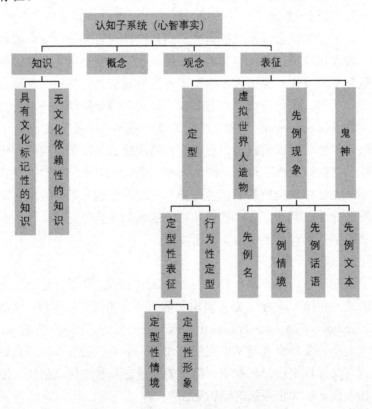

图 7　语言文化学认知子系统结构图

观念：在特定文化的条件下对现实进行情感-逻辑理解的结果。

观念对现实理解的结果，既包括理性的成分，也包括感性的成分，具有表情性、价值性和评价性，总是具有文化决定性和文化特性。

表征：在特定文化的条件下对现实现象进行主观的、情感-形象性理解的结果。

表征具有形象性、表情性、价值性和评价性，总是具有文化决定性和文化特性。表征自身又包含了先例现象（прецедентные феномены）、虚拟世界人造物（артефакты виртуального мира）、鬼神（духи）和定型（стереотипы）。

4）隐喻子系统

在阐释隐喻子系统时，维·弗·克拉斯内赫以莱考夫和约翰逊的概念隐喻论作为其理论基础，对构成隐喻子系统的基本隐喻（базовая метафора）进行研究，譬如动物隐喻、植物隐喻、时间隐喻、空间隐喻等。在她看来，基本隐喻基于人类对世界的原型性认知，来源于产生时间较早的语言事实，譬如神话。基本隐喻具有普适性，但这种普适性并非对世界所有文化类型都适用。因此，维·弗·克拉斯内赫隐喻子系统的主要任务是在对不同语言和文化中的基本隐喻进行对比研究，分析基本隐喻在不同语言和文化中的外化形式，并确定各个基本隐喻在不同语言和文化中的比重，最终确定基本隐喻的清单。维·弗·克拉斯内赫认为基本隐喻的清单虽然是开放的，但基本隐喻的数量却是有限的。

总体上，语言文化学的四个子系统在同一文化和语言文化的框架下相互作用，相互渗透。认知子系统作为当前语言文化学研究最深入的子系统，其单位与其他子系统相互联系：一方面，构成认知子系统的心智事实可作为象征、标尺及隐喻的基础；另一方面，正是隐喻子系统为认知子系统的心智事实扮演象征、标尺的角色提供了条件。而这与隐喻在参与语言世界图景构建、通过隐喻模式在人的意识中重构我们所生活的世界的过程中规定文化的同时又受到语言和文化的规定之论断是相符的。

赵爱国（2019）认为，受世界哲学本体"文化学转向"的影响，语言与文化研究中的本体从词语的"文化语义"转移到"跨文化交际"，进而导致语言意识和说话的人成为语言与文化研究中的焦点，语言成为人的存在形式的语言意识论也成为现阶段语言和文化研究的新特点；而跨文化交际被大多数学者理解为不同文化携带者之间的交际，隐喻又作为"民族文化的携带者"，可以通过它来描写在一定文化中形成的人的"意识特质"，即人所具有的关于世界的知识。赵爱国实际上也将隐喻纳入语言与文化研究中，并赋予其重要地位。

以上学者对隐喻在语言文化学研究中地位的重视为我们的研究提供了思路：对观念进行物化的语词单位，在它们被隐喻作为认知操作单位用于认知操作后，获得除词典释义以外的涵义，使这些语词从语言的单位转变为文化的单位；那么反过来，如果对这种隐喻操作进行分析，并找到其生成和特点的文化原因，那么，这些被文化化的词语，也即被语词物化的观念所载蓄的文化涵义便会层层剥离出来，展现在我们眼前。

2.1.3.2 隐喻和隐喻化

在进行隐喻研究时，隐喻和隐喻化的分野一直都存在，但却疏于关注——"关于隐喻存在各种概念，然而，并无一个关于隐喻化过程的描写，再现隐喻是如何进行的"（Телия，1988：36）。总体上，隐喻既是一种动态的思维活动、言语行为，同时也是一种思维活动外在的静态表现形式和表层结构。但即使是作为动态的思维活动，隐喻也只是一种待启动的机制和一种产生隐喻意义的潜能。隐喻机制在具体的言语交际活动中发挥作用至形成体现为静态表层结构的隐喻结果是一个复杂的过程，而这一过程，简而言之，即为隐喻产生的过程，也就是隐喻化。不同视角下的隐喻研究对隐喻化具有不同的阐释，因此，隐喻化包含的认知操作也各不相同。譬如，在隐喻互动论的框架下，隐喻化包括了创造相似性、过滤和聚焦等操作；而在概念隐喻论中，隐喻化则是基于认知经验的概念映射；在概念整合论中，隐喻化包含了输入空间的映射，类属空间的监控，合成空间的组合、完善、拓展等认知操作。在这里，我们的目标不是对具体的认知操作进行阐释，而是论证隐喻化作为语言文化学研究对象的必要性。王松亭认为隐喻化为"言语交际过程中，受一定交际环境因素的影响，说话人通过心理联想，用描述某一类事物或形象的语言单位来表征或称名属于另一类的客体的过程"（王松亭，1999：115），提出隐喻引力的概念，通过这一作为语境因素和文化因素等综合作用产物的概念来阐释隐喻化的文化属性。而从隐喻化实施的主体来看，隐喻化首先是取决于实施隐喻化过程的主体，也即人，但与此同时，也受到与主体相关的因素的影响，如主体所处的文化环境、主体的生活际遇、主体的修养，等等。同时，探究隐喻化过程的规则（机制）对语言文化学具有重要意义，因为决定隐喻化的特殊语言文化矢量要求我们对能够确定某一民族语言意识、民族语言世界图景的民族文化根基进行发掘。对现实的隐喻性认知，比如神人同形说、兽人同形说，将人自身的特征转移到其周边存在的身上，是人类思维中共性的内容。然而，在这个共性的范畴之中又存在具有民族文化标记性的方面。

　　然而，隐喻化作为一个动态和抽象的过程，不易于被描写。因此，对隐喻化的关注要求我们对隐喻模式（метафорическая модель）进行考量和分析。在第 3 章进行具体的材料分析之前，我们将对该概念进行说明。

2.2　观念域作为一种场性结构

　　随着语言文化学独立学科地位的确立及其理论机制的逐步完善，学界出现了一些新的研究趋势。譬如，李向东就提出，词语研究呈现出"研究层次由静到动、由点及面、由深入浅，力求系统性、整体性、客观性"的发展轨迹。（李向东，2018：7）而与词语有着密切关系的观念研究具有类似的发展趋向：单个观念研究逐渐被观念的整合研究替代，学者们转而趋向观念的整合研究，提出了观念场（концептуальное поле）、观念域（концептосфера）、文化编码

（культурный код）等概念。本研究的对象即比观念更为复杂的结构——观念域。在该部分，我们需要厘清与"观念域"相关的概念。

2.2.1 观念

观念是观念域的基本单位。在这一小节，我们主要对观念的定义和结构进行梳理，并对观念与相关概念的关系进行阐释。

2.2.1.1 观念的定义

20 世纪 20 年代，俄罗斯学者谢·阿·阿斯克里多夫-阿列克谢耶夫（С.А.Аскольдов-Алексеев）在《观念和词语》（«Концепт и слово»）一文中提出"观念"的定义——"一种能够在我们思维过程中替代诸多同类事物的思维构造"（Аскольдов-Алексеев，1928：28），并提出必须将观念作为一个独立的语言单位进行研究，以揭示民族文化、人看待世界的方式在人的语言意识中的反映，并解释个体和民族在认知过程中概念化和范畴化的方式。后经弗·维·科列索夫（В.В.Колесов，2004）、德·谢·利哈乔夫（1997）、娜·丹·阿鲁玖诺娃（1993）、维·尼·捷莉娅（1996）、安·维日比茨卡娅（А.Вежбицкая，1996）、尤·谢·斯捷潘诺夫（1997，2004）、亚·亚·扎列夫斯卡娅（А.А.Залевская，2001）、叶·谢·库布里亚科娃（Е.С.Кубрякова，1996）、列·马·弗鲁姆金娜（Р.М.Фрумкина，2003）、伊·弗·卡拉西科（2002，2009）、伊·阿·斯捷尔宁（2007）、吉·丹·波波娃（2007）、谢·格·沃尔卡切夫（2004）等学者在不同视角（文化学视角、语言文化学视角、心理语言学视角、认知语言学视角等）下的研究，观念成为俄罗斯语言学界语言文化研究的重要课题。鉴于观念这一研究对象的复杂性和研究视角的多维性，在语言学界尚未就观念的定义达成一致意见。学者们对"观念"这一概念的理解主要在以下几个方面存在分歧：其一，观念的抽象程度问题；其二，观念的数量有限性和无限性问题；其三，观念的言语化问题。

尤·谢·斯捷潘诺夫将观念视为"文化在人意识中的凝结物，是文化的常量"（Степанов，2004：40），因此，他将永远或是在很长的一个时间段内存续于某一文化中的概念单位视为观念；并且，这些概念单位作为人精神世界中文化的基本内核，反映民族心智，是语言文化常量。所以，在他看来，观念是抽象的，其数量是有限的，俄语中的基础观念约有四十个。在观念的言语化问题上，他认为"所有的思想观念只能被描写到一定的界限，超越这个界限的则是无法被描写而只能被感受的精神现实"（Степанов，1997：13）。所以在他看来，不同文化中的观念也是不可译的。

安·维日比茨卡娅将观念界定为具有称名的"理想"世界的客体，能够反映人类对于世界的具有文化规定性的表征（Вежбицкая，1996：11）；她认为俄语中的基础观念仅有三个，即"意志""忧愁"和"运命"，其他观念则由以上三个基础观念派生而来；在观念的言语化问题上，安·维日比茨卡娅开发出自然语言元语言这一机制，对具体文化类型的观念进行分析，同时也对不同文化中的类似观念进行对比分析。

弗·维·科列索夫的观点与安·维日比茨卡娅相似——观念是概念的实质，是并不具备形式的涵义，而观念不具备表达形式的原因是观念本身就是不具备物质表现形式的词的内部形式。弗·维·科列索夫表示："观念通过其内部形式间接地被展示给我们。"（Колесов，2004：19）也就是说，观念是并不具备形式的抽象物，只是因为它所包含的内容可获得表达形式，所以才能为我们所感知和理解。

阿·德·什梅廖夫（А.Д.Шмелев）认为观念是被语言单位（关键文化词）编码的人类在长期认知活动中所获取结果的内容（Шмелев，2012：18）。在他看来，观念也是抽象的心智事实和涵义实体，借助语言得以物化。

杨明天认为，观念是"言语化的文化涵义，是具有民族特点的抽象的象征世界，是一个综合的语言心智的构造，存在于心智世界的不同形式中，如表征、形象、象征和概念"（杨明天，2009：60）。所以，在观念数量问题上，他认为观念参与人世界观和精神、道德体系的构建，其数量有限；在观念抽象性和言语化问题上，他认为观念是最抽象的实质，观念能够被言语化；简而言之，观念是由抽象名词表达的参与民族精神、民族心智构建的文化意义——观念是抽象的，并借助语言单位得到物化。

与此类似，德·谢·利哈乔夫和娜·丹·阿鲁玖诺娃也都将观念视为抽象实质，参与民族心智和世界观的编码和解码，在使用语言作为其形式"外衣"之后，表现为对民族文化共同体的世界观、价值观、道德观具有重要作用的抽象名词，故其数量也是有限的。

而维·尼·捷莉娅的看法则有别于上述视角。她指出："观念是人类思维的产物和理想的现象，为人类意识整体所固有，而并非语言意识独有。"（Телия，1996：34）所以，她认为观念不仅可以通过语言单位，还可通过非语言单位重构。在关于观念的抽象性问题上，她认为观念是"浸入"文化中的概念，也即对文化具有意义、在文化中得到体现的概念即可被视为观念，所以维·尼·捷莉娅对观念进行广义的理解。

谢·哈·利亚平（С.Х.Ляпин，2012）更加扩大观念"物化"手段的清单。观念作为能够根据具体情形转变成不同特殊形态的涵义量子（смысловые кванты），它可以固化在语言符号，如科学术语、日常语言的词语（词组）、词汇-语法-语义结构（лексико-грамматико-семантическая структура）、非语言的实物（或准实物）形象或实物（准实物）行为中。

瓦·阿·马斯洛娃（2001）也对观念进行广义理解。她认为观念是具有民族文化特点的语义结构，但这并不表示观念是无限的——她关注的主要是"核心文化观念"；关于观念的抽象性问题，她认为观念是多维的，既包含理性的也包含感性的内容，既包含抽象的也包含具体的内容，既包含共性的也包含个性的内容。

另外，还有学者对观念进行最广义的理解，认为观念的意义是民族语言意识的内容，形成语言载体的朴素世界图景，"属于这类观念的可以是任何词汇单位"（杨明天，2009：57）。

在这里，我们循着维·尼·捷莉娅、谢·哈·利亚平、瓦·阿·马斯洛娃的思路，倾向对观念进行广义的理解，并不将观念局限于由抽象名词表征的参与人世界观和精神、道德体系的构建的心智事实，而将其视为包含具有民族文化特点、反映人类认知活动结果的语义结构，既包含理性的也包含感性的内容，既包含抽象的也包含具体的内容，既包含共性的也包含个性的内容。至于观念的物化手段，我们认为包括各个层级的单位。它们既可以是纯语言单位，如语音、性、数、格等各种语法范畴，也可以是成语、俗语、谚语、神话、童话、文学文本，以及包括仪式、迷信、禁忌、征兆等在内的民俗文化形式等具有文字表达形式的民族文化"携带者"，还可以包括其他符号系统（如音乐、绘画、雕塑、摄影等）。但在本研究中，我们主要从语言系统的单位入手进行分析。

2.2.1.2 观念的结构

观念的结构主要涉及进入观念涵义空间（смысловое пространство）的成素及其构建方式。根据共时与历时研究、语义抽象程度及其对语言意识的重要性等参数，观念结构大体上可以划分为场性结构和层级结构两种模式。

尤·谢·斯捷潘诺夫（2001）认为观念的涵义空间为层级结构，包括：积极层，由保证以该语言为母语的人在交际过程中能够相互理解的基本特征构成；消极层，由仅为某一社会共同体所知悉的"消极""历史"特征构成；内部形式，也即词源层，由仅能为研究者揭示的词源特征构成。因此，尤·谢·斯捷潘诺夫将观念的结构视为不同历史时期文化生活的"沉淀"。他主要采用历时的方法进行观念结构分析，将观念视为"进化序列"。

而更多的学者，如瓦·阿·马斯洛娃、尼·阿·诺维科娃（Н.А.Новикова）、叶·弗·拉希丽娜（Е.В.Рахилина）等则倾向于将观念视为场性结构。瓦·阿·马斯洛娃指出观念为具有中心和边缘区域的"同心圆"式场性结构，且其中位于中心区域的是作为观念核心的基本概念，即表征观念的某一词位的词典释义，而位于边缘区域的是与文化、传统、民族经验和个人经验相关的一切，包括主观经验、联想意义和文化伴随意义等（Маслова，2001：42—43）。叶·弗·拉希丽娜在认同观念场性结构的同时，将观念的原型意义

（прототипические значения）置于这一场性结构的中心区，而位于边缘区的则是由该原型意义派生出来的意义（Рахилина，1998：288—289）。

在我们的研究中，我们对观念的场性结构和层级结构进行整合：一方面，我们认为与观念的发展性这一特性相对应，观念的涵义空间为"进化"序列，随着人类认识的发展，新的意义会"沉淀"下来进入观念的涵义空间；另一方面，观念的涵义空间中存在一个或几个原型（在本研究中相当于我们的原型——архетип）意义，作为观念涵义空间的核心意义，决定位于观念涵义空间边缘区的其他意义。

2.2.1.3 观念与相近概念之间的关系

在观念研究中，观念与相近概念，如词语（слово）、概念（понятие）、涵义（смысл）、意义（значение）、原型（архетип）等的关系问题一直是学者们关注的焦点。鉴于本课题的研究任务和研究目的，我们着重分析观念与词语、概念、意义、涵义及原型之间的关系。

1）观念和词语

观念和词语的关系是观念研究首先需要解决的问题之一。早期的阿·帕·巴布什金、根·根·斯雷什金（Г.Г.Слышкин）、谢·格·沃尔卡切夫等学者认为观念必须能被词语称名，否则就谈不上某个观念的存在问题。同时，也有不少学者认为是否存在语言表达形式并非评判观念作为现实存在的心智事实的依据。观念不仅以词语作为其语言表达形式，还可以借助其他一系列语言单位实现"言语化"（вербализация）。此外，有些观念在其他非语言性编码中履行其作为思维单位的功能的同时，并不进入语言和交际中——某些观念并不存在直接称名。关于这一点，伊·弗·卡拉西科有一个非常直观的例子：在俄语中观念"Оставлять на потом"就并不存在直接称名（Карасик，2004：110）。吉·丹·波波娃、伊·阿·斯捷尔宁强调观念在人的思维活动过程中会激活观念的不同特征，朝不同的方向展开，而这些不同的特征完全有可能不具备标准的语言表达形式；

任何语言符号都可以在语言和交际中表征观念,但仅能借助其意义,表征部分与交际相关的观念特征。因此,整个观念或是观念的某个涵义部分既可以具有语言表达形式,也可能不具备语言表达形式。然而,我们不得不承认,词语是人打开作为思维活动单位的观念的"钥匙",并使人在思维活动中使用观念成为可能。实现观念"言语化"词语的存在使观念能够处在一个稳定、可持续的状态,让其为语言载体所共知(Попова,Стернин,2007:55)。

综合以上所述,我们可以总结出,观念并不等同于词语。观念可具有语言表达形式,但也有可能不通过语言单位实现自身的物化——就像是人类基因,我们从未见到过它,但在我们的意识中,它确确实实地存在;但必须承认的是,词语是人对观念这一抽象涵义实体进行研究的最佳途径。

2)观念和概念

对于观念和概念这两个概念之间的关系,学界主要存在三种观点。一种观点是将观念等同于概念,认为二者可以互换,持这一观点的学者有阿·帕·巴布什金(1996)、亚·亚·扎列夫斯卡娅(2001)、列·马·弗鲁姆金娜(1995)、奥·尼·谢莉维尔斯托娃(О.Н.Селиверстова,2001)、马·米·特拉佩兹尼科娃(М.М.Трапезникова,2005)等。例如,阿·帕·巴布什金就将观念和概念视为两个完全相同的概念,并提出需将其中的一个概念从学术研究中排除出去,"当前语言学家几乎不使用'概念'这一术语,而是倾向于研究由观念表示的思维结构"(Бабушкин,1996:14)。第二种观点则指出观念和概念的包容关系——部分学者认为概念是观念的内容形式之一,如弗·维·科列索夫(2004)、斯·阿·扎博金斯卡娅(С.А.Жаботинская,1992)、尼·博·梅契科夫斯卡娅(Н.Б.Мечковская,2002)、瓦·阿·马斯洛娃(2001);另外一部分学者则认为观念是特殊的概念,譬如,维·尼·捷莉娅和娜·丹·阿鲁玖诺娃认为观念是那些"浸入"文化中的概念。第三种观点则是将观念和概念区分开来,确立观念的术语地位,持这一观点的学者有尤·谢·斯捷潘诺夫、格·瓦·托卡列夫、叶·谢·库布里亚科娃、吉·丹·波波娃、维·弗·克拉斯内赫等，他们强调观念的涵义空间在构建世界图景、反映民族心智方面的作用；同时观念和概念在一定条件下还可以实现"漂移"，也即相互转化（Красных，2016：202）。

在本研究中，我们赞成第三种观点，认为观念和概念存在一定区别，认同观念是文化的凝结物，着重发掘语言单位之后所隐含的文化涵义，主要从语言和文化关系的视角来分析观念。

3）观念和意义

观念和意义存在密切的联系。一方面，在语言认知学者看来，观念（在认知学科中，"концепт"一词通常被翻译成"概念"）被广泛用于对语言的语义结构进行描写；另一方面，许多学者坚持观念和意义是不同的概念。譬如，如果借助"范畴"这一概念来解释观念和意义的关系，我们会比较容易理解二者的差别。观念是范畴化的过程，而意义则是范畴化的结果。进而，观念是产生、保存和传播意义的过程。换句话说，意义对应的是词所表达的事物，而观念对应的则是有关该事物的知识。吉·丹·波波娃和伊·阿·斯捷尔宁的表达则更为直接："观念是人的认知意识的产物，而意义则是人的语言意识的产物。"（Попова，Стернин，2007：65）玛·弗·皮梅诺娃（М.В.Пименова）对观念和意义之间的关系做了非常形象的描述："词语和观念之间的关系就如冰山露出水面的部分与隐藏水下的部分之间的关系，而词汇意义成素反映最明显的概念特征，但并不能反映全部特征……观念比词汇意义更加复杂、更加多维。"（Пименова，2004：7）

4）观念和涵义

一些学者，如罗·伊·帕维廖尼斯（Р.И.Павиленис，1983）、瓦·阿·马斯洛娃（2004）、薇·阿·比夏利尼科娃（В.А.Пищальникова，1992）在观念和涵义这两个概念之间画等号。但在大多数学者的研究中，还是将观念和涵义区分开来了，如阿·弗·邦达尔科（А.В.Бондарко）、安·阿·扎列夫斯卡娅（А.А.Залевкая）、亚·伊·诺维科夫（А.И.Новиков）、娜·谢·波波娃（Н.С.Попова）、尼·尼·博尔德列夫、叶·维·久巴（Е.В. Дзюба）等认为二者在学科属性上是否具有同一性（即在不同人的思维中是否一致）、内容含量等方面存在差异。其中，叶·维·久巴在认同尼·尼·博尔德列夫提出的主题性观念（тематические концепты）和操作性观念（операционные концепты）区分的基础上，认为"涵义是在具体的交际活动（言语交际、具体的文本和话语）中形成的语言心智现象，而观念则具有更加复杂的结构——它汲取了表征观念的所有语句所表示的涵义，故而使得其自身的内容含量更大"（Дзюба，2018：131）。吉·丹·波波娃和伊·阿·斯捷尔宁则借助语义三角来区分观念和涵义，指出："指物意义是具有语言表达形式的事物的形象，涵义是不具备语言表达形式的外部世界客体，观念则是外部世界所有具备/不具备语言表达形式的事物形象和情景的总合。"（Попова，Стернин，2007：65）这就说明，观念比涵义的范围更大，同时也要求我们在进行观念分析时，除了关注语言符号之外，还需要关注其他文化符号。

5）观念和原型

原型又被称作集体无意识的初始形象（праобраз），经泰勒（文化遗留物）、弗雷泽（神话仪式研究）、列维-布留尔（集体表象）、卡西尔（神话原型）、普罗普（不变项）、荣格（原型）、弗莱（原型）等学者的阐释和发展，被从古希腊哲学引入人类学、精神分析、文学批评、文艺学、神话学等领域，继而在语言文化研究中占有重要的一席之地。在进行观念研究时，厘清其与原型这一内容复杂的心智单位之间的关系也非常必要。但在这之前，需要对"原型"这一概念进行一番阐释。

荣格曾多次对原型进行界定。他在将原型视为集体无意识的形式之前，强调"原型并非个人经验决定，而是从我们的先辈那里遗传而来"，指出原型"并非人与生俱来的表征，而是人与生俱来的表征的能力，是先验性的观念和人类创造性材料形成的调节原则"（Юнг，1992：116）；在《无意识心理学》（«Психологии бессознательного»）中，荣格给出了原型的定义："原型是一种独特的反复再现相同或相似神话观念的准备状态……原型不只是经常重复的典型经验的复制，同时还先验性地成为重复相同经验的力量或趋势……当某一原型出现在梦境、想象或生活中时，它总是携带一种特殊的影响或力量，正是因为这种力量，原型的作用力才具有使人着迷或促使动作的属性。"（Юнг，2010：84—85）

在荣格的解释中，强调原型作为一种反复再现的势能及其先验性，指出原型的"与生俱来"，也即"遗传性"。除荣格之外，众多学者也对原型的特性进行了阐释。"原型的内容常体则为人们对世界反应的一种平均值"（Токарев，2009：23），原型是"可感的万物之摹本和原始模型，有开端、初始等发生学的意义"（程金城，2008：5）。原型规定集体形象和思想观念及不同时代有关人的理论，并体现在神话、传说和各种艺术类型中。阿·彼·谢德赫（А.П.Седых）从原型和神话的关系入手，得出神话阿·彼·谢德赫就是原型的体现，而通用的、基础性原型则可成为民族的文化标准，为该民族文化社团适应民族的正常生活提供条件（Седых，2004：54—55）。米·列·科金（М.Л.Котин）则对原型对语言的作用进行了研究，认为原型可解释语义的某些基本原则，并可为一系列语言现象提供解释（Котин，2000：329）。

从上述使用的如"先在""继承""原始模型""发生学意义""复现""调节原则""规定"等字眼，我们可以发现，原型作为一种心智事实，其原始性和基础性十分明显，其复现性和遗传性更是对原型基础性、原始性的强调。这也为我们研究原型对隐喻的规定性提供了依据。在这里我们关心的是观念和原型的关系。

就观念与原型的关系，俄罗斯语言学界学者的观点大致可被划分成以下三类：

其一，在一定程度上将观念等同于原型，认为原型是一种特殊的观念，是"基础观念，可规定人理解和认识世界、实行自身行为的坐标"（Большакова，2010：48），或观念是一种思维的原型——弗·维·科列索夫认为"观念是潜在思维浓缩成的一个点"，将观念视为文化原型，并强调指出俄罗斯民族心智就建立在俄罗斯民族文化主要观念逻辑展开的基础上，而这些观念是俄罗斯民族的遗传基因，位于无意识层面（Колесов，2004：19），是"思维的原型"（Колесов，2004：68）。

其二，原型并非观念，而是一种"前观念"，对观念的形成、阐释起到决定性作用。持这一立场的学者有塔·尼·斯尼特科（Т.Н.Снитко）、格·瓦·托卡列夫、维·尼·捷莉娅。其中格·瓦·托卡列夫认为原型为观念的产生或阐释形成一个特定的框架——若观念构建世界图景并与物质世界相关，那么原型则"支撑"着物质世界并将其以一个整体的形式呈现出来。在将表征、朴素概念和科学概念、文化定式、思想文化单位、定型等单位视为观念的建构单位的情况下，格·瓦·托卡列夫确定了观念对原型的依赖性，或者说是原型对观念的决定性，并以图表的形式呈现这种相互关系，见图8（Токарев，2009：23—24）。

图 8　心智事实关系图

其三，原型是观念的重要语义成素，进入观念的涵义空间。谢·格·沃尔卡切夫在观念和原型的关系问题上，持这一立场。他提出观念义素的述谓组合所实现的两种互补的认知隐喻模式——原型模式（архетипная модель）和恒量模式（инвариантная модель）。"在原型模式中，观念是被高度概括的，具有可感知性和形象性的语义结构，它隐藏在意识深层，以弱化的形式体现在概念、表象和词语的意义中。观念的原型模式是观念语义化的语言前期准备，是词源意义"（Воркачев，2001：66—68）。谢·哈·利亚平也将原型视为观念的构成部分，因为观念中原型（涵义）的存在，观念成为"独特的、具有原型性的文化基因"(Ляпин，2012：73—99)。

在本研究中，我们整合第二种、第三种观点，认为原型是一种"前观念"，它对观念的产生和阐释具有决定性作用，且从其在思维体系中的地位而言，原型是高于观念的；同时，恰巧是它的基础性、决定性、继承性、先在性等特点，使它在长期的历时发展过程中，进入观念的涵义空间，成为观念中蓄载民族文化信息和民族心智的主要意义成素，呈现为一种原型涵义。

2.2.2　观念域

观念域是俄罗斯院士德·谢·利哈乔夫提出的对观念进行整合研究的一个术语。从不同研究视角对观念进行研究的学者，对观念域存在不同的界定。但在观念域的诸多不同定义中，我们可以发现共性的内容，即观念域为观念的总和。德·谢·利哈乔夫认为观念域为"一个民族文化观念的总和"(Лихачев，1993：5)。瓦·阿·马斯洛娃认为观念域为"在语言中传达文化的多个观念的总和"(Маслова，2008：82)。叶·维·久巴认为观念既由一些单位构成，又参与另外一些单位的构建；并且，每一个观念都具有一个因观念乃至整个观念系统不断发展而处在不断构建过程中的特定涵义空间，因而观念总是与其他观念相互作用。在现有观念相互作用及新观念不断加入的基础上，心智空间形成，也即同一涵义场的观念联合在一起，而观念的这种联合便形成观念域（Дзюба，2018：152）。吉·丹·波波娃、伊·阿·斯捷尔宁认为观念域是"有序的观念的总和"(Попова，Стернин，2007：26)，塔·弗·叶弗秀科娃（Т.В.Евсюкова）、叶·尤·布坚科则形象地将观念域喻为一张由观念构成的涵盖整个语言文化的"网"(Евсюкова，Бутенко，2014：109)。总之，观念域是处于一定关系中的观念的集合，是一个场性单位。在进行观念域研究时，需要厘清观念域与观念场（концептуальное поле）、词汇语义场（лексико-семантическое поле）之间的关系。

2.2.2.1 观念域与观念场

观念域和观念场都是场性结构，都是由观念按照一定方式构建并继而进入民族语言文化空间，但二者之间存在一定的差别。观念场为按照一定层级组织的观念构成的闭合结构，且这些观念被共同的主导涵义成素（ноэматическая доминанта）联合起来。观念场可基于一个基础观念（базовый концепт）构建，而该基础观念在（广义的）互文空间内与相邻的观念存在涵义上的相关性。如此一来，观念场可以理解为一个以基础观念（或称名观念场的核心词）为圆心，以同义、反义、联想等关系构建的具有中心区和非中心区（近边缘区和远边缘区）的同心圆结构。观念场之间还能相互渗透，为观念从一个观念场进入另一个观念场提供条件（Евсюкова，Бутенко，2014：112—113）。观念场被视为观念域的一个片段，为描写观念在观念域内的离散过程及观念的意义特征的"流动"提供条件（Евсюкова，Бутенко，2014：123）。结合以上所述，我们可以发现，观念域比观念场的范围更大，观念场是观念域的组成部分。观念场在参与观念域的构建过程中，因其自身结构具有同心圆结构性质且场内观念能向其他观念场渗透，使得观念域呈现出一个不同于观念场的"多中心"场性或网状（按照塔·弗·叶弗秀科娃、叶·尤·布坚科的表述）结构；换言之，在观念域空间内存在多个基础观念，而其他的观念则围绕这些基础观念分布，这一点恰好印证了观念域的"有序性"，也即观念域内的观念处于某种被建构了的关系中。

2.2.2.2 观念域与语义场

在观念研究中，观念域常常还会被等同于词汇语义场。然而，两者实际上是相互联系和相互区别的关系。根据《俄语百科》（Энциклопедия «Русский язык»）的解释，语义场是由共同语义（或语义常体）连接起来并反映语言中某一特定概念区域的词汇单位的集合所构成的层级结构（Караулов，1997：458）。基于语义场和观念域的定义，我们可以将二者的区别归结为两点。其一，观念域和语义场系根据不同的原则构建——语义场中的成素必须具备将所有场内成员连接起来的共同语义特征及区别性语义特征,而观念域则不要求其内部的所有成素具备共同的语义成素,因为位于中心和边缘的域内成员通过认知联系构成一个整体。其二,言语化的问题——作为语义场单位的语义无一例外能找到相应的语言表达,而作为观念域"量子(квант)"的观念则并不与某一特定的语言符号相关,因为它可由多个语言符号或是语言符号的集合表达,甚至也会出现不能在语言体系中找到直接表达形式的情况;同时,观念还可借助身势语、表情、音乐、绘画、雕塑及舞蹈等替代性符号系统实现外化(Попова,Стернин,2007:45)。当然,除了上述区别外,二者无疑存在一定的联系。首先,观念域的构成中包含了语义场,更确切地来说——作为观念域构成较大单位的观念场的核心区、近核心区(相对于边缘区)通常由语义场构成;其次,因为观念域本身并不能被直接观察到,我们需要通过表征涵义和意义的语言单位这把钥匙打开通向观念和观念域研究之门,而语义场所具备的语言性也为其作为观念场研究的重要构成部分提供了条件。故在进行观念场或观念域研究时,从语义场出发应为其中较为合理的研究方法之一。

在明晰了观念域和语义场之间的关系后,我们还需要对观念的物化手段进行说明。上文中,我们提到,观念的物化手段并不局限于语言单位。然而,语言却是打开观念研究的"钥匙",是进入观念这一心智事实的最佳途径。亚·亚·扎列夫斯卡娅表示"语言符号是通向人的统一认知基础,也即观念域的途径,是揭示认知结构的方法"(Залевская,2001:37)。玛·弗·皮梅诺娃认为观念被"散布"在对其进行客体化(物化)的语言符号中,为对观念进行解构,需要对表征观念的整个语言外壳(如词汇单位、成语、格言等)进行分析(Пименова,2004:9)。因此,进行观念及由观念建构的单位的研究,需要列出对所研究观念进行物化的语言单位的清单。

以下,我们拟借助各类词典对"基本原素"观念域进行初步构建,提供对其内部观念进行物化的部分语言单位。

2.2.3 "基本原素"观念域的构建

根据以上论述，观念域是有序的民族观念的总和；域内观念围绕基础观念构成同心圆状观念场结构，分布在观念域内部，且处于不同观念场内的观念能够相互渗透，使观念域成为多中心的场性结构。同时，观念作为涵义实体，并不等同于词语，但词语却是我们进入"观念"这一心智事实的最佳途径，故在进行观念研究时，可列出对观念进行物化的语言单位清单。我们以下借助详解词典、联想词典、近义词词典、语义词典构建"基本原素"观念域。在这里，我们并不将列出"基本原素"观念域内成员的完整清单视为我们的研究目的，而是旨在确定观念域的基本结构框架，并确定观念域核心，为下文分析"基本原素"和"人"观念域的隐喻互动做准备。

2.2.3.1 "基本原素"观念域的整体形态

"стихия"是从希腊语中引进的外来词。在对和斯拉夫语中"стихия"一词对应的希腊词语"στοιχειον"进行分析后，阿·费·罗谢夫（А.Ф.Лосев）指出，在古希腊哲学中，"στοιχειον"一词的主要语义特征是"以不同形式表现的不可破坏性和不变性，是包括人在内的，保留其完整性和本身价值的所有物质的、可感知的存在"。与此同时，古希腊哲学并未在现实世界和理想世界之间划出明确的界限；故"στοιχειον"在古希腊哲人那里意为构成现实存在的一切（Лосев，1971：18—27）。这是"стихия"作为创世基本原素的意义生发点。米利都学派的哲学家首次提出存在的基本原素的问题，并指出"стихия"就是一切存在的基本原素。在不同的时代，"стихия"的语义成素中包括了"水（вода）"（泰勒斯）、"空气（воздух）"（阿纳克西美尼）、"火（огонь）"（赫拉克利特）、"土地（земля）"（米利都学派哲学家）、"以太（эфир）"（泰勒斯）以及非物质性的"字母（буква）"（阿那克西曼德）、"数字（число）"（毕达哥拉斯学派哲学家）、"智慧（ум）"（阿那克萨戈拉）、"思维（мышление）"（阿波罗尼亚的第欧根尼）等。埃利亚学派的哲学家恩培多克勒则将"水（вода）""空气（воздух）""火（огонь）""土地（земля）"及相互对立的非物质性"爱情（любовь）"和"敌意（вражда）"视为"一切事物之根源"。此后，古希腊哲学家留基伯和德谟克利特沿着基本原素物质性线路继续进行研究，提出世界是物质的、永恒的；"стихии"为"水（вода）""空气（воздух）""火（огонь）""土地（земля）"；并且人也是由上述四个基本原素构成；在原来的四个基本原素，也即"水（вода）""空气（воздух）""火（огонь）""土地（земля）"的基础上增加了"天空以太（небесные эфиры）"，划分出分别与四种物质性基本原素相对应的属性，使原来的四原素（четверица）变成了八原素（восемерица）。

然而，通过宗教典籍翻译被介绍到罗斯的首先是四原素的思想，且这些思想并非被原封不动地从古希腊介绍到罗斯（Мильков，1997：68）。譬如在罗斯 12 世纪的《瓦尔拉姆和约阿萨夫的故事》（《Повести о Варлааме и Иоасафе》①）中，四原素为"水（вода）""空气（воздух）""火（огонь）"和"土地（земля）"，且该四原素不仅构成了物质世界，同时也构成了人体。随后，在对古代学者自然科学方面著述进行翻译引进的过程中，"стихия"语义原有的宗教、哲学色彩弱化，并增加了"身体构成部分（составные части）"这一语义成素，"血液（кровь）""胆汁（желчь）""黏液（флегма）"等也被视为基本原素，但它们被和最初的四原素对应起来：血液（кровь）—空气（воздух），胆汁（желчь）—火（огонь）/土地（земля），黏液（флегма）—水（вода）。再到后来，随着"стихия"一词在罗斯世俗文学中的广泛使用，其内涵扩大。譬如在 16 世纪的《穆罗姆斯科的彼得和费福罗尼娅的故事》（《Повесть о Петре и Февронии Муромских》）一书中，虽然在水、空气、火、土地四种基本原素的基础上加入了"太阳（солнце）""月亮（луна）""星星（звезда）"三个原素，但后者仍被视为前四个基本原素派生出来的。

以上是对"стихия"一词语义的历史溯源。在标准俄语建立之后现代各类词典固定下来的"стихия"一词的词典释义也应当进入

---

① 从古希腊翻译引进，用于介绍印度僧人修行的书籍。

我们的考察范围。

在谢·伊·奥热果夫（С.И.Ожегов）和娜·尤·什维多娃主编的《俄语详解词典》（«Толковый словарь русского языка»，2006）中，"стихия" 一词的释义为：

基本原素：1. 古希腊哲学中不可切分的、作为一切自然现象基础的火、水、气、土地四大原素。2. 指强大、不取决于人的自然力量。3. ⟨转⟩无组织性、不受调节和控制的力量。

在《俄汉详解大词典》中，"стихия" 一词的释义几近相同：

Стихия：1. 原质（希腊哲学指构成万物基础的火、水、空气、土四大原素之一）。2. 指威力强大、往往带破坏性的自然现象；这种自然现象发生的空间。3.自发的（社会）现象。4.⟨转⟩习惯的环境||习惯、称心的东西（如职业、爱好、领域等）。

根据尤·尼·卡拉乌洛夫、娜·弗·乌菲穆采娃（Н.В.Уфимцева）等编撰的《斯拉夫联想词典》（«Славянский ассоциативный словарь»，2004），当以 "стихия" 一词作为联想实验刺激源时，可以联想到的结果如下：бедствие[12]① （灾难），море[10]（海洋），буря[8]（风暴），водная[7]（水的），морская[5]（海洋的），природа[3]（自然），природная[3]（自然的），бурная[2]（暴风雨的），воздух[2]（空气），волны[2]（波浪），моя[2]（我的），огонь[2]（火），разбушевалась[2]（变得猛烈），родная[2]（亲近的），цунами[2]（海啸），бедствия[1]（灾难），бешеная[1]（猛烈的），бушует[1]（汹涌），ветра[1]（风），вода[1]（水），вода = огонь = воздух = земля[1]（水=火=空气=土地），воля[1]（意志），гибель[1]（死亡），горе[1]（痛苦），грозная[1]（残酷的），катастрофа[1]（悲剧），море бушующее[1]（波涛汹涌的海洋），море = небо[1]（海洋=天空），на море[1]（在海上），огня или воды[1]（火或水），океана[1]（海洋），песня[1]（歌曲），погода[1]（天气），подводная[1]（水下的），пожар[1]（火灾），простор[1]（辽阔），разыгравшаяся[1]（表演完成的），рефлексия[1]（反射），света[1]

---

① 数字表示这些词作为联想结果出现的频次，在原文中用括号后放在词语的后面，在本研究中，因需对词语进行翻译，为统一格式，将词语的译文加括号放在词语后面，而作为频次的数字则设置为上标。

（光），смерти[1]（死亡），страх[1]（恐惧），страшная[1]（恐怖的），убежденность[1]（深信不疑），укротитель[1]（驯养者），устала[1]（疲倦）。

通过对联想试验的结果进行分析，我们可以发现：除了"бедствие（灾难）""катастрофа（悲剧）""горе（痛苦）"三个词等因符合"盲目的、强烈的情绪"这一因隐喻引申义项而进入"стихии"联想结果外，联想试验结果中出现的其他出现频次较高的结果大体上与"水""空气""火""土地"四大基本原素相关——要么为它们本身，要么为它们的衍生物，如"море（海洋）""буря（暴风雪）""ураган（暴风）""волна（波浪）""цунами（海啸）""ветер（风）""океан（大洋）"等。

上述分析表明：总体上，在"стихия"一词的语义进化中，其语义范围不断扩大，相应地，不断有新的单位加入，但新加入的单位仍以"水""空气""火"和"土地"四个基本原素为基础。基于这一特点，我们在构建"基本原素"观念域时，与"вода""воздух""огонь""земля"四个词语相对应的同名观念应为其域内的基础观念，而与它们相关的原素则围绕它们散布在观念域内。以下，我们将以图表的形式呈现"基本原素"观念域，见图9。

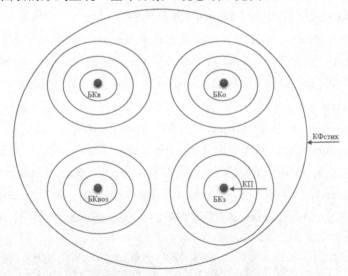

图 9 "基本原素"观念域的基本形态

其中：КФ —— 观念域（концептосфера），КП —— 观念场（концептуальное поле），БК —— 基础观念（базовый концепт），БК$_в$ —— 基础观念"水"，БК$_о$ —— 基础观念"火"，БК$_{воз}$ —— 基础观念"空气"，БК$_з$ —— 基础观念"土地"。

需要说明的是，我们在该图中只是呈现"基本原素"观念域的整体形态，并确定观念域中的基础观念，为下文的进一步分析做准备。

2.2.3.2 "基本原素"观念域内基础观念的物化单位

在上文中，我们提到，观念"散布"在整个语言外壳中，包括各类语言单位，并且词汇语义场是进行观念研究的最佳途径，故我们借助各类词典，从词汇语义场出发，列出对"基本原素"观念域内四个基础观念"水""火""空气""土地"进行物化的部分语言单位，为后文进行"基本原素"和"人"观念域的隐喻互动分析奠定物质基础。

1）对"水"观念进行物化的语言单位

根据帕·雅·切尔内赫（П.Я. Черных）主编的《现代俄语历史词源学词典》（«Исторический этимологический словарь современного русского языка»，1999）中的释义，水是"无色的、或多或少透明的液体，是地球水圈的主要组成，形成河（реки）、湖（озеро）、海（море）、洋（океан）"（Черных，1999：159）。

在娜·尤·什维多娃主编的《俄罗斯语义词典》（«Русский семантический словарь»，2002）中，进入"水"语义词群的有七个子群——水、降水、水体、水源、水空间、水流和处于结冰状态的水。并且每个子群中包含了更多的单位：水（вода），河（река），海（море），湖（озеро），海洋（океан），深潭（омут），洪水（наводнение），水流（поток），水道（проток），沼泽（болото），水井（колодец），支流（приток），水源头（исток），泉源（источник），瀑布（водопад），梯形急流（каскад），水汽（пар），泉水（родник），小溪（ручей），细流（струйка），水流（струя），喷泉（фонтан），春汛（разлив），水库（водоем），雨水（дождь），激流（лавина），

薄霜（иней），波浪（волна），暴雨（ливень），大浪（вал），河湾（заводь），湾（залив），冰（лед），带浮冰流水（ледоход），波纹（рябь），露水（роса），水洼（лужа），冰山（айсберг），冰（ледышка），雪堆（сугроб），冰柱（сосулька）等。[①]

因此，对"水"观念进行物化的部分单位有：水（вода），液体（жидкость），河（река），海（море），湖（озеро），海洋（океан），深潭（омут），洪水（наводнение），水流（поток），水道（проток），沼泽（болото），水井（колодец），支流（приток），水源头（исток），泉源（источник），瀑布（водопад），梯形急流（каскад），水汽（пар），泉水（родник），小溪（ручей），细流（струйка），水流（струя），喷泉（фонтан），春汛（разлив），水库（водоем），雨水（дождь），激流（лавина），薄霜（иней），波浪（волна），暴雨（ливень），大浪（вал），河湾（заводь），湾（залив），冰（лед），带浮冰流水（ледоход），波纹（рябь），露水（роса），水洼（лужа），冰山（айсберг），冰（ледышка），雪堆（сугроб），冰柱（сосулька）。其中，"水（вода）""液体（жидкость）""河（река）""海（море）""湖（озеро）"相对重要。

2）对"火"观念进行物化的语言单位

在《俄罗斯语义词典》（«Русский семантический словарь»）中，在"火和燃烧的产物"词汇语义词群中划分出了"火"和"燃烧产物"子群，分别包括了：火（огонь），篝火（костер），大火（огнище），野火（пал），火焰（пламя），火灾（пожар），火（полымя），火焰（пыл），火炬（факел），灰烬（гарь），炭头（головешка），火烧木（головня），烟（дым），热（жар），灰渣（зола），火花（искра），烟黑（копоть），灰烬（пепел），烟黑（сажа），油烟（смрад），烧损（угар），炭头（уголь），煤烟（чад）等（Шведова，2002：630—631）。

---

① 据俄罗斯学者的统计，对"ВОДА"进行表征的单位约 2000 个，鉴于篇幅和研究的需要，我们只是列出词典中较为稳定和典型的部分。

在尤·杰·阿普列相（Ю.Д.Апресян）主编的《新编俄语同义词解释词典》（«Новый объяснительный словарь синонимов русского языка», 2003）中，"火（огонь）"和"火焰（пламя）"是同义词对。在尼·尼·阿布拉莫夫（Н.Н.Абрамов）编撰的《俄语同义词和相似表达词典》（«Словарь русских синонимов и сходных выражений», 1999）中，"火（огонь）"的同义词增多，与"火花（искра）""火焰（пламя）""火焰（пламень）""光（свет）""热（жар）""火焰（пыл）"构成同义词序列。（Абрамов, 1999: 235）

根据上述词典，亦可列出部分对"火"观念进行物化的词汇单位：火（огонь），篝火（костер），大火（огнище），野火（пал），火焰（пламя），火灾（пожар），火（полымя），火焰（пыл），火炬（факел），灰烬（гарь），炭头（головешка），火烧木（головня），烟（дым），热（жар），灰渣（зола），火花（искра），烟黑（копоть），灰烬（пепел），烟黑（сажа），油烟（смрад），烧损（угар），炭头（уголь），火炬（факел），油烟（чад）等。其中，比较重要的是"火（огонь）""篝火（костер）""火焰（пламя）""火灾（пожар）""火（полымя）""火焰（пыл）"等。

3）对"空气"观念进行物化的语言单位

在《现代俄语标准语词典》（«Словарь современного русского литературного языка», 1951）中，对"воздух"一词的释义为："包围地球外层的、人和动物呼吸的不可见气态物质；大气。"（Чернышев, 1951: 555）

在尼·尼·阿布拉莫夫编撰的《俄语同义词和相似表达词典》中，"воздух（空气）"和"атмосфера（大气）" 构成同义词序列（Абрамов, 1999: 53）。

在《俄罗斯语义词典》（«Русский семантический словарь»）中，在"空气层、空气流"词汇语义词群中划分出了"风、旋风"和"热空气"子群，分别包括了：微风（бриз），西风（вест），风（ветер），旋风（вихрь），和风（зефир），南风（зюйд），西南风（зюйд-вест），东南风（зюйд-ост），西北风（мистраль），季风（муссон），北风（нор），

西北风（норд-вест），东北风（норд-ост），信风（пассат），西蒙风（самум），大北风（сиверко），西洛可风（сирокко），穿堂风（сквозняк），旋风（смерч），燥热风（суховей），台风（тайфун），飓风（ураган），气旋（циклон），狂风（шквал），热（жар），雾气（марево），浓雾（мга），烟雾（мгла），蒸汽（пар），雾（туман）等（Шведова，2002：591—593）。

综上所述，对"空气"观念进行物化的单位显然数量更多：空气（воздух），大气（атмосфера），风（ветер），微风（бриз），西风（вест），旋风（вихрь），微风（зефир），南风（зюйд），西南风（зюйд-вест），东南风（зюйд-ост），西北风（мистраль），季风（муссон），北风（нор），西北风（норд-вест），东北风（норд-ост），信风（пассат），西蒙风（самум），大北风（сиверко），西洛可风（сирокко），穿堂风（сквозняк），旋风（смерч），燥热风（суховей），台风（тайфун），飓风（ураган），气旋（циклон），狂风（шквал），热（жар），雾气（марево），浓雾（мга），烟雾（мгла），蒸汽（пар），雾（туман）等。

4）对"土地"观念进行物化的语言单位

在谢·伊·奥热果夫和娜·尤·什维多娃主编的《俄语详解词典》中，"земля"一词的释义为：

Земля：1.（用作术语，首字母"З"大写）太阳系中围绕太阳和自身的轴线转动的第三大星球。2. 陆地，与水空间和大气空间对立。3. 土壤，地球外壳的表层。4. 构成地球外壳表层的深褐色松软的物质。

根据莲·嘉·萨雅霍娃（Л.Г.Саяхова）的《俄语主题词典》（«Тематический словарь русского языка»，2000），"土地"主题群包括：土地（земля），地表（поверхность），田地（поле），地球（шар），世界（свет），世界（мир），国家（страна），祖国（родина），空间（пространство），地区（местность），地方（место），陆地（суша），大陆（материк），大陆（континент），大洲（часть света），原野（степь），低地（низменность），高原（плоскогорье），低地（низина），谷地

（долина），洼地（яма），土坑（котлован），沟壑（овраг），凹地（балка），谷地（ложбина），洞穴（ров），峡谷（ущелье），洞穴（пещера），洞穴（грот），深渊（пропасть），土壤（почва），泥土（грунт），黑土（чернозем），处女地（целина），冻土（мерзлота）。（Саяхова，2000：517—521）

在尼·尼·阿布拉莫夫编撰的《俄语同义词和相似表达词典》中，"土地"的语义被划分为受到人类耕作的区域及与水空间对立的空间，故其同义词有"почва（土壤）""грунт（泥土）""дно（底部）""берег（岸）""суша（陆地）""материк（大陆）"。（Абрамов，1999：247）

综上所述，对"土地"观念进行物化的部分词汇单位包括：土地（земля），星球（планета），祖国（родина），地表（поверхность），田地（поле），地球（шар），世界（свет），世界（мир），国家（страна），空间（пространство），地区（местность），地方（место），陆地（суша），大陆（материк），大陆（континент），大洲（часть света），原野（степь），低地（низменность），高原（плоскогорье），低地（низина），谷地（долина），洼地（яма），土坑（котлован），沟壑（овраг），凹地（балка），谷地（ложбина），洞穴（ров），峡谷（ущелье），洞穴（пещера），底部（дно），岸（берег），洞穴（грот），深渊（пропасть），土壤（почва），泥土（грунт），黑土（чернозем），处女地（целина），冻土（мерзлота）等。

2.3　隐喻作为连接两个场性结构的认知机制

在本章第 1 节对隐喻研究现状的分析中，我们可以看出，无论是修辞视角下的比较论、替代论，还是认知视角下的互动论、概念隐喻论及概念整合论，隐喻和隐喻化都至少涉及隐喻的始源域和目标域这两个要素，将隐喻视为始源域内知识向目标域的转移或是来自两个不同内容空间单位的相互作用。那么，隐喻可以作为连接两个不同内容实体的机制这一点是毋庸置疑的。叶·特·切尔卡索娃（Е.Т.Черкасова）则直接将内容实体具体化为始源域和目标域所代表的语义场，并认为在隐喻化成功实施的过程中存在一个既能与始源域语义场成员联系，又能与目标域语义场成员联系的"语义中介（Семантический посредник）"，且这一"语义中介"可通过成分分析的方法得出（Черкасова，1968：28—38）。至于隐喻化过程中是否真的存在"语义中介"，还是说如德·尼·什梅廖夫（Д.Н. Шмелев）所认为的"隐喻化得以成功实施的基础是与词语所表示现象的表征相关的固定联想关系"（Шмелев，1973：58），我们在这里不做深究；然而，叶·特·切尔卡索娃的分析方法为我们的分析提供了一条思路：隐喻可以作为连接语言场性机构的认知机制。而在语言学中，通过内容上的共性被集合在一起并反映所指事物或现象的概念或是功能相似性的单位的集合即为场（Ярцева，1998：380）。至于场的特点，尤·尼·卡拉乌洛夫指出场的元素之间存在一定联系，这种联系可能是存在共同的成素，或是这些元素进入同一个系统；同时，场的另外一个重要特点是场内元素具有相互依赖性和有序性（Караулов，1976：33）。而观念域，作为结构化、层级化的内容实体，是由基于基础观念的同心圆状观念场构成的多中心性的有序复杂场性结构。因此，隐喻也可以作为连接两个不同观念域的机制。

在进行观念域之间的隐喻互动分析时，我们通过对观念进行物化的语词，析出被语言单位固定下来的在"基本原素"和"人"观念域隐喻互动过程中生成的隐喻模式。

本章小结

第一，隐喻是一种语言现象，更是一种认知和语义生成模式。随着语言研究范式的更迭及隐喻研究理论的不断创新，隐喻研究越来越多地关系到人及与人密切相关的文化因素。无论是作为隐喻化结果的隐喻，还是作为隐喻化过程的隐喻，都是具有文化标记性的，应当被纳入语言文化学研究。

　　第二，作为连接语言、文化、认知三个空间的机制，在语言文化学中，隐喻被视为与认知子系统、象征子系统和标尺子系统相并列的子系统之一。它以认知子系统的知识、概念、观念作为其认知操作单位，使得语言的单位成为文化的单位。

　　第三，观念并不等同于词语，观念场、观念域也并非词汇语义场，但语言符号与观念的关系类似语言中的形式和内容的关系，故用来"物化"观念的语言单位是进行观念分析的"钥匙"。

　　第四，通过对"стихия"一词的语义进化过程进行分析，我们确定与"基本原素"同名的观念域内存在"水""火""空气""土地"四个基础观念。

　　第五，隐喻可作为连接作为场性结构的观念域的认知机制。在对"基本原素"和"人"观念域的隐喻互动进行分析时，我们借助观念域内的"水""火""空气""土地"四个基础观念物化的语言手段，研究其与"人"观念域的隐喻投射。

　　第六，隐喻使用观念进行认知操作，使得用来物化观念的言语单位获得文化单位的身份；而通过对被语言单位固定在语言中的隐喻模式进行文化分析，可使得被语言单位物化的观念所具有的文化涵义显现出来。

第 3 章 "基本原素"和"人"观念域的
隐喻互动

在本章我们对"基本原素"和"人"观念域间的隐喻互动进行分析。鉴于隐喻兼具动态性和静态性的特点，并且根据我们的研究思路，我们需从固定在语言文本中的隐喻性表达出发，提取"基本原素"和"人"观念域隐喻互动生成的隐喻模式，为对隐喻所体现的文化规定性和标记性寻找深层原因做准备。在进入正式的分析之前，我们有必要对与隐喻相关的几个概念进行说明，主要是与隐喻和隐喻化操作相关的参数。

3.1　隐喻的相关概念

当被视为一种认识和思维模式时，隐喻具有抽象性。为对这种具有抽象性的对象进行分析，我们需要借助相关的工具，从相关的参数着手。隐喻和隐喻化操作的相关参数主要涉及隐喻化方向（направление метафоризации）和隐喻模式（модель метафоры）。

3.1.1　隐喻化方向

隐喻化操作中的隐喻投射是存在一定方向的。奥·尼·拉古塔（О.Н.Лагута）认为隐喻化的方向即隐喻转移（метафорический перенос）的类型，例如物件→人、动物→人。（Лагута，2003：38）嘉·尼·斯科利亚列夫斯卡娅也对隐喻化的方向进行了研究，提出了一些能产性较高的隐喻化方向,如:物件→物件、物件→物理现象、物件→心理现象、物件→社会现象、物件→抽象概念等。隐喻化的方向通常使用"→"表示。但对这一箭头符号的理解,我们需要做一些解释。某些学者,如娜·维·帕夫洛维奇(Н.В.Павлович),将"X → Y"这一由三个元素构成的隐喻表达式中的箭头符号"→"左右两边的"X"和"Y"分别理解为被等同的事物和用来与被等同事物做比较的事物,相当于本体和喻体;而另一些学者,如莱考夫、尤·尼·卡拉乌洛夫等则恰恰做相反的理解,在"X → Y"表达式中,隐喻化是始源域向目标域的投射,故"X"和"Y"分别表示始源域和目标域,分别相当于喻体和本体。在本研究中,我们遵从后一种理解,箭头符号"→"表示始源域到目标域的投射,也即从喻体到本体的投射。

3.1.2 隐喻模式

隐喻建模(метафорическое моделирование)是对隐喻进行描写的重要方法,尤·尼·卡拉乌洛夫(1991)、尼·费·阿列菲连科(Н.Ф.Алефиренко, 2009)和阿·尼·巴拉诺夫(А.Н.Баранов, 2010)在这一方面开展了具有成效的研究。隐喻建模实际上表现为建立具体的隐喻模式,而对隐喻模式的理解首先应从模式入手。尤·杰·阿普列相指出,模式首先必须具有一定的形式;隐喻模式的形式性体现在:必须存在由被隐喻对象(метафоризируемый объект)、隐喻化对象(метафоризирующий объект)及隐喻关系形成的严整结构(Апресян, 1966: 88);若对其中的关系进行更细化的说明,则隐喻模式是隐喻始源域与隐喻目标域之间的比较稳定的关系,这种关系固定在民族语言文化传统中,并保留在以该语言为母语的人的记忆中;换言之,隐喻模式是存在于和/或形成于语言载体意识中的不同概念领域之间关系的模式,也是一种典型的关系框架,是新的隐喻产生的范本,通常可以用"X——это Y(X 是 Y)"这一表达式来表示,譬如"Спортивное соревнование – это война(体育竞赛犹如战争)";若是考虑到隐喻投射的方向,也可表现为上文所提到的表

达式 "X → Y"(如体育竞赛→战争)。隐喻模式的特点是称名意义和隐喻引申意义分别属于同一语义群,属于同一联想类型,并作为相关概念领域典型关系的语言表征(Резанова,2010:37)。娜·维·帕夫洛维奇与列·伊·列扎诺娃的观点相似,只是表达更加直白易懂:隐喻模式(她称之为"形象的不变体")呈现为 "X → Y" 形式的复杂涵义;其中,X 和 Y 为处于对立关系的两个概念,而 "→" 则表示 X 和 Y 之间的等同方向,也即二者之中的哪一个概念为主要概念;并且,X 和 Y 分别为一系列词汇单位(词或词组)的不变体(Павлович,2004:52—53)。

隐喻建模是对隐喻进行描写的主要方法,这是由隐喻模式的强大解释力所决定的。尤·杰·阿普列相认为隐喻的解释力体现在两个方面:其一,隐喻模式能够对先前理论不能解释的结果进行解释;其二,隐喻模式能够预示之前并不知晓,但原则上会存在且被后来实践证明存在的对象,即具有实证性和预示性(Апресян,1996:91)。因此,弄清楚隐喻模式可对语言的特点和共性及它们的现代化呈示状态进行说明。

隐喻模式的特点在于其具有可变性和语境依赖性。基于隐喻模式实现形式的多样性,娜·阿·伊柳希娜认为隐喻模式的主要特点是具有可变性(варьирование),正是这种可变性保证隐喻模式在具体的上下文中得以实现;可变性非常合理地解释了隐喻的创造性机制和涵义生成机制,创造性作为隐喻的潜在属性,恰恰应归因于认知形象及其语言相关物的可变性;可变性即规定隐喻的动态性。(Илюхина,2007:138)隐喻模式的可变性与隐喻模式的语境依赖性密切相关。隐喻模式是一个抽象的范畴,将隐喻和概念相连,而上下文则为具体隐喻根据隐喻模式生产和使用的关键因素。阿·阿·波铁布尼亚表示:"不论是隐喻,还是其他用于隐比的词语,其话外之音都具有语境依赖性。"(Потебня,1990:207)在把隐喻视为语言文化现象时,可从两个角度去谈论隐喻的语境——语言语境和文化语境。涅·阿·图拉妮娜的表述非常形象:"语境是词的具体意义(隐喻涵义)得以实现的决定性因素……语境可以净化其原有的、积累在人的意识中的旧意义,并创造出新的意义。"(Туранина,1997:150)她的这一看法对个人创造的隐喻,也即艺术隐喻具有重大意义。而文化语境则是指能够使以某种语言为母语的人正确理解、阐释和自由使用隐喻的具备知识和经验的总和;这些知识和经验是以该语言为母语的人所必须掌握的。布莱克就曾较为隐晦地提到过文化语境——隐喻的产生依赖于被所有以某一语言为母语的人普遍接受的联想关系系统,譬如,"狼→人"的隐喻中,起作用的肯定并非"狼"一词的本义,也并非其百科释义,而是基于被以某一语言为母语的人所接受的联想系统中的特征(Блэк,1990:164)。

在描写词的隐喻模式时,需要对隐喻模式进行系统化。隐喻模式的系统化存在不同的途径。其一,可以以始源域为基础,划分出同类型的隐喻模式系列;阿·尼·巴拉诺夫、奥·尼·拉古塔、阿·普·楚季诺夫(А.П.Чудинов)等学者认为隐喻模式首先应与隐喻始源域的语义范围相对应,故而隐喻模式可被理解为隐喻喻体(或始源域)意义上的分类,是隐喻喻体形成的一种概念"圈","圈"中的每个概念联系紧密,但与其他"圈"的联系比较疏松。其二,以目标域为基础,根据构成目标域隐喻对象概念的框架,划分出隐喻类型,譬如当"政治"作为隐喻的目标域时,构成"政治"的框架有"政治活动的主体(人)""政治组织""政治机构(国会、政府、执行机构等)""政治活动""政治活动主体之间的关系";而从上述每个框架中又可以划分出一个或若干个隐喻模式。鉴于我们研究对象"基本原素"观念域内部成素已经确定,为更直观地呈现"基本原素"向"人"观念域进行隐喻投射的方向,我们将"人"观念域划分成不同的框架区域。

我们借助各类词典,对"人"观念域进行内部框架分区。

在谢·伊·奥热果夫和娜·尤·什维多娃等编撰的《俄语详解词典》中,对"человек"一词的定义为"具有思维和言语能力,能够制造工具并在社会劳动过程中使用工具的生物"(Ожегов,Шведова,2006:879)。在该定义中,强调人的物理性(有生命的存在)、心智性(思维和语言)、社会性(社会劳动)。

在《俄语语义词典》中，词典的编撰者使用 40 个词汇语义词群对人这一对象进行描述，总体上可归纳为如下方面：人的物理性（物理状态），社会性（种族、民族、职业、专业、职业类型等），智力-情感性（智力、智力-情感、情感及心理状态等）（Шведова，2002：66）。

在《俄语形象表达词典》中，对人的描写从物理性（人的物理状态、物理活动及移动）、情感性（情感、感受）、社会性（行为、劳动、贫穷、富裕）、心智性（智力特性、言语行为、智力活动）、存在性（空间、时间、度量）五个方面展开（Телия，1995）。

鉴于上述分析及我们对观念域的理解，我们将"人"观念域划分成以下框架性区域：人的物理性、人的社会性、人的情感性、人的心智性、人的存在性。

3.2 "基本原素"和"人"观念域的隐喻分析

"基本原素"和"人"观念域的隐喻分析主要关注对以"基本原素"观念域内的单位为始源域、以"人"观念域为目标域而发生的隐喻投射过程。根据我们在上文中对"基本原素"观念域的构建，我们主要选取观念域内的"水""火""空气""土地"四个基础观念来研究"基本原素"观念域和"人"观念域之间的隐喻互动。在具体的分析过程中，我们采用的是形式到意义的方法，从可见的语言形式出发，借助上述四个基础观念称名的单位来进行分析。

3.2.1 "水"观念与"人"观念域的隐喻分析

根据上文的解释，隐喻模式是一种固定在民族语言文化传统中和保留在以该语言为母语的人的记忆中的隐喻始源域与隐喻目标域之间的比较稳定的关系，可根据隐喻始源域、目标域的语义范围进行划分。基于第 2 章中对"基本原素"观念域内部核心区的构建及第 3 章中基于语义对"人"观念域进行的分区，我们对"水"观念向人的物理性、人的社会性、人的情感性、人的心智性、人的存在性这五个框架区域的隐喻投射进行研究，得出"水"向"人"观念域进行隐喻投射过程中生成的以下隐喻模式。

3.2.1.1 "水"观念向人的物理性框架区域的隐喻投射

基于"水"观念物化的词汇单位，我们可得到"水"观念向"人"观念域物理性框架区域的隐喻投射过程中生成的以下隐喻模式：

Вода→ Глаза（水→眼睛）

● Вода → Глаза（水→眼睛）

На него смотрели бездонно-глубокие глаза, черные и страшные, как вода болота. (Л.Андреев)[①] 一双深不见底的眼睛，乌黑而恐怖，就如沼泽中的水，看向了他。

Его приветствовала водянистая улыбка и глаза, выразительные, как морская вода. 迎接他的是如水一般清澈的笑容和如海水般具有表现力的双眼。

● Море → Глаза（海洋→眼睛）

Он увидал в ее глубоких, как море, глазах светоч зарождающейся взаимности. 在她那如大海般深邃的双眼中，他看到了萌生的好感，就如烛光一般。

● Река → глаза（河流→眼睛）

Черные жесткие волосы острижены коротко, а глаза узкие и быстрые, как горные реки. 黑色的头发硬邦邦的，被剃得很短，而一双细细的眼睛，滴溜溜地转动着，就像山间的河流。

● Озеро → Глаза（湖泊→眼睛）

Луна осветила половину его лица и, как в замерзшем озере, отразилась странно в огромном открытом глазу. 月亮照亮了他的半边脸，并映在他那只睁得大大的眼睛里，很怪异，就像是倒映在结了冰的湖面上。

---

① 本研究的例句，若未特别注明出处，都来源于俄罗斯国家语料库（Национальный корпус русского языка）。

● Ручей → Глаза（溪流→眼睛）

У них были чистые, как лесные ручьи, глаза. 他们有一双如林间溪流般纯净的眼睛。

Глаза – ручей серебряный / Среди зеленых ив. (Хлебников) 眼睛，就像是被掩映在绿柳中的溪流。

● Омут → Глаза（水潭→眼睛）

Два глаза – два омута темных. Поглядишь в них – топиться захочешь! 两只眼睛就像两个幽深的水潭。看上一眼，简直就想沉溺其中！

● Колодец → Глаза（水井→眼睛）

Совсем юная девушка с глазами большими и темными, как колодцы. 完全是个年少的姑娘，一双眼睛大而黑，就像两口水井。

● Заводь → Глаза（河湾→眼睛）

Отнюдь не истальянка. Сей стройный рост и заводь чудных глаз... 根本不是意大利姑娘。你看这苗条的身材和河湾似的眼睛……

● Болото → Глаза（沼泽→眼睛）

... а друзья не понимали, что случилось, почему в его глазах, как в болоте, утопает ими сказанное. ……朋友们不理解，发生什么事情了，为什么他们所说的一切在他眼中沉沦下去，就像是沉入沼泽。

Вода→ Волосы（水→头发）

● Вода → Волосы（水→头发）

Темные волосы хлынули по ней, как вода, и скрыли до пят. 黑色的头发顺着她的身体，水一般倾泻下来，一直垂到她的脚上。

● Волна→ Волосы（波浪→头发）

У меня волосы почти не вьются, а с ним получаются красивые волны. 我的头发几乎不打结，形成一道道波浪。

● Река → Волосы（河流→头发）

Черные блестящие и слегка дымящиеся волосы – ее краса –

текли рекой по подушкам, образуя извитые заводи. 闪亮发黑且稍微冒着热气的头发，恰恰是她的美丽之所在：头发就像河流一样，顺着枕头流淌开来，形成一道道小河湾。

● Ручьи → Волосы（溪流→头发）

За окнами больницы цвели деревья и журчали арыки, и ему казалось, что волнистые волосы Марины стекают по подушке, как ручьи. 医院窗外的树木也开花了，外面的河渠潺潺作响，他感觉玛丽娜的头发就像小溪一样，沿着枕头流淌。

● Озеро→ Волосы（湖泊→头发）

Представлял, что волосы были озером, а гребень – ладьей. 他暗自想象：头发就是湖泊，而梳子就是帆船。

● Заводь→ Волосы（河湾→头发）

Черные блестящие и слегка дымящиеся волосы – ее красота – текли рекой по подушкам, образуя извитые заводи. 闪亮发黑且稍微冒着热气的头发，恰恰是她的美丽之所在：头发就像河流一样，顺着枕头流淌开来，形成一道道小河湾。

3.2.1.2 "水"观念向人的社会性框架区域的隐喻投射

基于"水"观念物化的词汇单位，我们可得到"水"观念向"人"观念域物理性框架区域的隐喻投射过程中生成的以下隐喻模式：

Вода→ Женщина（水→女人）

● Вода → Женщина（水→女人）

Женщина стекает, обтекает, проливается… 女人就像水，有缓缓淌出的款曲，也有默默环流的温婉，更有一泻而过的洒脱……

● Река → женщина（河流→女人）

Марго обтекала его, как река, заполняя все изгибы, не давая проникнуть ни боли, ни сквозняку. 马尔戈就像河流一样绕着他流过，填满了所有的弯道，隔绝了任何痛苦和麻烦。

● Волна → женщина（波浪→女人）

Лови скорей мгновенья / У женщины – как вольная волна, / Лобзает грудь твою она / Потом уходит вдаль, упасть на грудь иную. 尽快抓住所有的瞬间，女人就像自由的波浪，轻吻你的胸膛后，走向远方，又投入另一个怀抱。

- Омут → женщина（水潭→女人）

Она лежа с ласкающей свободой / Была как омут ночью или водоем. 她愉快而自在地躺着，就像那夜间的水潭，抑或水库。

- Водоем → женщина（水库→女人）

Она лежа с ласкающей свободой / Была как омут ночью или водоем. 她愉快而自在地躺着，就像那夜间的水潭，抑或水库。

- Капля → женщина（水滴→女人）

Когда ты вся беспомощною каплей / Стекаешь по груди моей. 当你（女）就像无助的水滴，顺着我的胸膛流下。

- Озеро → женщина（湖泊→女人）

Она как озеро лежала.（Вознесенский） 她躺着，就像湖泊一般。

- Ручей → женщина（溪流→女人）

Гречанка то была – ручей живой. 希腊姑娘就像生机勃勃的小溪。

- Водопад → женщина（瀑布→女人）

Я забывал про все, и к ней в объятья / Бросался, как в кипучий водопад. 我忘记了一切，扑向她的怀抱，就像扑向飞沫四溅的瀑布。

3.2.1.3 "水"观念向人的情感性框架区域的隐喻投射

基于"水"观念物化的词汇单位，根据"水"观念向"人"观念域情感性框架区域的隐喻投射，我们可得到以下隐喻模式：

Вода→Любовь（水→爱情）

- Вода → Любовь（水→爱情）

Однако его все более занимала не такая частная, текущая бесследно любовь, а неизвестный человек Груняхин, судьба которого поглощала его. 然而，占据他的并非纯洁的、悄无声息流淌着的爱情，而是一个用命运吞没了他的杳无音讯的人——格鲁尼亚欣。

- Родник → Любовь（泉→爱情）

Под конец было лишь сострадание да бился, просачиваясь наружу, глубинный родник любви. 最终仅剩同情在挣扎，向外渗透到爱情那深泉中。

Вода→ Печаль（水→忧伤）

- Вода → Печаль（水→忧伤）

Умные глаза его переполняла темная вода печали. 他那智慧的眼睛里充满了水一般的忧伤。

- Море → Печаль（海洋→爱情）

И все же мне редко приходилось чувствовать себя погруженной в такое море печали... 但我还是常常不自觉地感觉到自己沉浸在忧伤的大海里……

3.2.1.4 "水"观念向人的心智性框架区域的隐喻投射

基于"水"观念物化的词汇单位，根据"水"观念向"人"观念域心智性框架区域的隐喻投射，我们可得到以下隐喻模式：

Вода → Мысль（水→思维/想法）

- Вода → Мысль（水→想法）

Расходятся, бывало, мысли, разгуляются, как вода вешняя, не зная удержу... 有时候，想法四处游离，就像春汛，没有休止……

- Волна → Мысль（波浪→思维/想法）

Нахлынувшая волна всевозможных мыслей не давала покоя. 各种想法就像波浪涌来，让人不得安宁。

- Струя → Мысль（水流→思维/想法）

Мысли скользят плавно и прихотливо, словно струи над яркими камешками дна. 思绪缓缓流过，就像河床上抬起的那些小石头上面的水流。

- Прилив → Мысль（潮水→思维/想法）

И веселит, способствуя приливу свежих мыслей, свежих намерений и энергичной деятельности.（他）快乐起来了，促使那些新的想法、新的意图和充满能量的活动像潮水一样涌来。

- Река → Мысль（河流→思维/想法）

Без него река мыслей растекается ручейками по необъятной пустыне, только чтобы засохнуть в безвестности и бесполезности. 没有他，思维的河流将转变成小溪，在广袤的沙漠上流淌，只会悄无声息且徒劳地干涸。

- Родник → Мысль（泉水→思维/想法）

А затем, как родник, со дна его души ударила в тело и смятенно пронеслась мысль. 而在后来，思绪慌乱地一闪而过，就像泉水一般，从心底敲击着身体。

- Поток → Мысль（水流→思维/想法）

И снова без перехода естественным потоком мысль Рощапкина рванулась дальше... 罗夏普金的思绪像自然的水流一般，没有改变，重新向远方涌去⋯⋯

- Половодье → Мысль（春汛→思维/想法）

Белыми ночами, набродившись по городу, в юношеской тревоге от обступающих, охватывающих как половодье мыслей, подходила я к этому окну. 在白夜，在城市游荡一圈后，我带着因像春汛般袭来的思绪导致的年轻人的不安，走向这扇窗户。

- Океан → Мысль（海洋→思维/想法）

Наконец, словно вынырнув из океана мыслей, Нергаль поднял голову и посмотрел на Шепетуху. 最终，就像从思维的海洋中猛地浮出来一样，涅尔加里抬起头，看向舍佩图哈。

- Море → Мысль（海→思维/想法）

... чтобы мысль всего ее существа, мысль, большая как море, приходила в движение. ⋯⋯那所有的思想，如大海一样的思想，开始运转起来。

- Ручей → Мысль（溪流→思维/想法）

А мысли текут, как ручьи с весенних гор. 而思想迸发出来，就像溪水从春天的山上流下。

- Струя → Мысль（水流→思维/想法）

Мысли являются и утекают, как волжские струи. 产生了各种想法，这些想法就像伏尔加河的水流般，流动起来。

Вода → Речь（水→言语）

● Вода → Речь（水→言语）

Они говорили, будто проливали воду на скатерть: шумно, свежо и сразу, куда-то вбок, куда никто не ждал... 他们说着话，就好像将水洒在台布上，嘈杂、清新，并立刻流向旁边，流向没人期待的方向······

● Волна → Речь（波浪→言语）

Рвалися бурными волнами / У ней попреки с языка... 她嘴中全是埋怨/如狂涛巨浪般横冲直撞······

● Море → Речь（海洋→言语）

... шумный океан речи подхватывает его там, за широкими дверями. 像喧嚣的大海般的言语就在那里，在那一扇扇宽大的门外，卷走了他。

● Река → Речь（河流→言语）

Его речь лились рекою и не давали мне никакой возможности остановиться на моей мысли... 他的话像河水一样滔滔不绝，不给我任何自我思考的机会······

● Водопад → Речь（瀑布→言语）

Как всегда, запомнить бурный водопад его речи мне оказалось не по силам: словесные шедевры... 一如既往，我在他如瀑布般汹涌的言语面前败下阵来：那是语言的杰作······

● Струя → Речь（水流→言语）

Речь его текла непрерывно, длиной струей... 他的话如绵长的水流一般，不断涌出······

● Ручей → Речь（溪流→言语）

Я напоминал ей, и долго текла ручьем ее складная речь. 我提醒了她，于是她那流畅的话语便像小溪一样涌出。

Вода → Слово（水→话语）

- Вода → Слово（水→话语）

Слова сами по себе не имеют ни запаха, ни цвета, ни вкуса, как чистая вода. 话语本身无色无味，如纯水一般。

- Волна → Слово（波浪→话语）

Александр Семанович Барченко был опытен, умело вел аудиторию. Плыла волна слов, звучих, убедительных, но совсем понятных. 亚历山大·谢马诺维奇·巴尔琴科经验丰富，能够巧妙地引导听众。他那响亮而具有说服力，却又通俗易懂的话语，就像漾开的波浪一般，流淌出来。

- Струя → Слово（水流→话语）

И в тесную душную конуру льется непрерывным потоком зловонная струя слов. 话语就像是一股带着恶臭的水流，不断流入狭窄的住处。

- Ручей → Слово（溪流→话语）

Лившиеся как ручей слова на секунду переплеснулись. 像溪流一样流淌的话语，瞬间喷发而出。

- Прибой → Слово（水浪→话语）

Мои слова грохочут, как прибой... 我的话像拍岸浪一样，轰隆作响……

- Водопад → Слово（瀑布→话语）

А ему хотелось именно романа, со страстями и водопадами слов. 他想要的正是一部小说，充满激情，语言就像瀑布一般。

- Родник → Слово（泉→话语）

Слова их журчали, как многоводные родники в лесу. 他们的话像森林里的泉水一样，潺潺流淌。

- Море → Слово（海→话语）

И море его, океан его русского слова в каждой его вещи. 在他的每一件东西上，都留有他海洋般的话语。

- Океан → Слово（海洋→话语）

Когда огромные валы океана слов становятся невыносимы, погружаемся в океан звуков. 当言语海洋的巨浪变得令人难以忍受时，我们潜入了声音的海洋。

● Фонтан → Слово（喷泉→话语）

... губы шлепают, брызжут, слова хлещут фонтаном. ······ 嘴唇在抽动、迸溅，言语像喷泉一样喷涌而出。

● Поток → Слово（水流→话语）

Грым поднял руку, как бы пытаясь остановить поток непонятных слов. 格雷姆举起手，仿佛试图阻止难以理解的话语之流。

● Роса → Слово（露珠→话语）

Каждое слово Тирадо действовало на его душу, как живительная роса на зачахшие цветы. 季拉多的每一句话都触动了他的灵魂，就像生命露水滴到枯萎的花朵。

3.2.1.5 "水" 观念向人的存在性框架区域的隐喻投射

基于 "水" 观念物化的词汇单位，根据 "水" 观念向 "人" 观念域存在性框架区域的隐喻投射，我们可得到以下隐喻模式：

Вода → Жизнь（水→生命）

● Вода → Жизнь（水→生命）

... и так было ясно, что вот я лежу и боюсь обстрела, а жизнь течет, муравьи ползают... ······很明显，我躺在那里，害怕射击，而生命却在流逝，蚂蚁仍在爬行······

● Река → Жизнь（河流→生命）

Жизнь – река, питающаяся собственными берегами; нет берегов – реки тоже нет. 生命就是依靠河岸滋养的河流；没有河岸，也就没有河流了。

● Волны → Жизнь（波浪→生命）

Володька и Кямал бросили её в жизненные волны — карабкайся как хочешь или тони. А Франклин протянет ей руку и вытащит на берег. 沃洛季卡和基亚马尔把她扔进了生命的浪潮

中——任她自生自灭。然而，富兰克林会向她伸出手，把她拉上岸来。

● Поток → Жизнь（水流→生命）

До сих пор он жил и жил, как все, следуя побуждениям сердца и потоку окружающей жизни, не пытаясь философствовать по поводу собственной судьбы. 至今他都活着，像其他人那样活着，遵循着内心的愿望和生命之流，而不是试图对自己的命运进行哲学思考。

● Море → Жизнь（海洋→生命）

Нервы поют ему какие-то гимны, в нем плещется жизнь, как море, и мысли и чувства, как волны, переливаются, сталкиваются и несутся куда-то, бросают кругом брызг, пену. 神经向他唱起了赞美诗，生命像海水一样溅在他身上，思绪和情感像波浪一样溢出、碰撞并冲向某处，抛出一团飞沫。

Вода → Судьба（水→命运）

● Вода → Судьба（水→命运）

Есть судьбы, которые временно текут где-то рядом, параллельно, а потом уходят в сторону, в песок... 不同的命运像流水般在附近某个地方平行地流淌，然后流向另一边，流入沙土中……

● Водоворот → Судьба（旋涡→命运）

Впадает он в судьбы водоворот / И увлечен теченьем невозвратно. 他陷入了命运的旋涡，并不由自主地迷上了流动。

● Струя → Судьба（水流→命运）

В голубой струе моей судьбы/ Накипи холодной бьется пена. (Есенин) 在我命运的深流中，泡沫打着寒冷的浮沫。

● Вал → Судьба（巨浪→命运）

И встретить я была готова / Моей судьбы девятый вал. 我准备好迎接我命运的第九个巨浪。

● Поток → Судьба（水流→命运）

Как знать — может, моя поездка в Калифорнию и была таким рывком в сторону. Прочь из потока судьбы. Я рванулся, проплыл, достиг берега. 如何知道——也许，我去加利福尼亚的旅行是一次意外，是对命运之流的偏离。我冲了过去，游了一下，到了岸边。

● Река → Судьба（河流→命运）

И когда река судьбы свела нас вместе, нам обоим не хватало кислорода любви... 当命运之河将我们聚在一起时，我们却缺乏爱的氧气……

● Море → Судьба（海→命运）

В этом море мощных роков, /Много темных есть речей. 在这片强大的命运之海中，有许多幽暗的话语。

● Волны → Судьба（波浪→命运）

... ведь все мы, люди, только капли в океане людской истории, а человеческие судьбы – это бушующие волны того океана. ……毕竟我们所有人都只是人类历史海洋中的几个水滴，而人类命运则是那片海洋的汹涌波涛。

Вода→ Смерть（水→死亡）

● Вода → Смерть（水→死亡）

Из опрокинутой мною фляжки течет моя отсрочка смерти. 我的死亡慢慢从倾倒的水壶中流出。

● Пруд → Смерть（池塘→死亡）

Этот пруд, – замечает современник англичанин Горсей, – был настоящая геенна, юдоль смерти, подобная той, в которой приносились человеческие жертвы... 同代的英国人格尔谢指出：这个池塘曾是真正的地狱，是死亡之谷，里面飘散着人类的亡灵……

● Река → Смерть（河流→死亡）

Даже уплывая по реке смерти, они хотели быть в компании товарок. 即便是沿着死亡的河流消逝，他们也希望能够结伴而行。

● Поток → Смерть（水流→死亡）

Вся их автоматическая жадность – не что иное, как медленный поток смерти. 他们那自发的贪婪就像缓行的死亡

之流。

● Море → Смерть（水流→死亡）

И везде, во всем то же самое – поглощающее море смерти... 到处都是同样吞噬一切的死亡之海……

Вода→ Время（水→时间）

● Вода → Время（水→时间）

Подумай только: не было разлуки, / Смыкаются, как воды, времена. 试想一下：没有离别，时间像水一样汇成一片。

● Река → Время（河流→时间）

Время, как река, несло жизнь его, то вправо, то влево поворачивая и плавно кружа. 时间，像一条河流，带着他的生命，时而向右，时而向左，时而翻腾扭转，时而缓缓回旋。

● Поток → Время（水流→时间）

Поскольку поток времени бесконечен, а судьба изменчива... 尽管时间的急流永不停止，然而命运却变幻莫测……

● Волна → Время（波浪→时间）

Волна времени смыла мечтателя, унесла его в вечный покой. 时间的浪潮冲走了空想家，将其带入了永恒的平静之中。

● Море → Время（海洋→时间）

Мы все – лишь беглый блеск на вечном море лет! 我们所有人都只是岁月的永恒之海中的一瞬之光！

● Водопад → Время（瀑布→时间）

Они уже уходят из памяти, эти годы, пронесшиеся ревущим водопадом. 它们在像汹涌瀑布一样流逝的这些年中已经从记忆中远去。

● Ручей →Время（溪流→时间）

Дни, как ручьи, бегут / В туманную реку. 岁月像溪流一般，奔向一条朦胧的河流之中。

● Заводь →Время（河湾→时间）

Над тихой заводью дней... (Цветаева) 在安静的岁月河湾

之上……

- Капли → Время（水滴→时间）

Каплют капли-дни. 岁月如水滴在滴落。

- Прибой → Время（浪花→时间）

… и гонишь, как прибой, / За часом новый час. 时间像拍岸的浪花一样追赶着，一个小时接一个小时。

综合上述分析，我们共计列出了"基本原素"观念域中"水"观念向"人"观念域进行隐喻投射的 12 个隐喻模式，包括：水→眼睛、水→头发、水→女人、水→爱情、水→忧伤、水→思维/想法、水→言语、水→话语、水→生命、水→命运、水→死亡、水→时间。

从隐喻投射的方向来看，"水"观念向"人"观念域的隐喻投射主要集中在人的存在性框架区域（包括水→生命、水→命运、水→时间三个隐喻模式）和人的心智性框架区域（包括水→思维/想法、水→言语、水→话语三个隐喻模式）。

同时，隐喻模式还具有对立性，这种对立性体现在：当存在某一隐喻模式"X→Y"时，总会出现"X→非 Y"的隐喻模式。例如在上述隐喻模式中，我们可以看到如"水→生命"与"水→死亡"这种显性的对立。同时我们还能从更宏观的角度看到隐喻模式的隐性对立，如当隐喻模式"X→Y"中"Y"表现为具体性时（如水→眼睛、水→头发、水→女人），隐喻模式"X→非 Y"中的"非 Y"则表现为抽象性（如水→生命、水→命运、水→死亡、水→时间）；当隐喻模式"X→Y"中"Y"表现为感性时（如水→忧伤、水→爱情），隐喻模式"X→非 Y"中的"非 Y"则表现为理性（如水→思维/想法、水→话语等）。

3.2.2 "火"观念与"人"观念域的隐喻分析

采用同样的方法，基于"火"观念物化的词汇单位，根据"火"观念向"人"观念域五个框架区域的隐喻投射，提取"火"观念向"人"观念域进行隐喻投射而产生的相关隐喻模式。

3.2.2.1 "火"观念向人的物理性框架区域的隐喻投射

Огонь → Глаза（火→眼睛）

● Огонь → Глаза（火→眼睛）

Не сожигай меня, Плами-да, Ты тихим голубым огнем / Очей твоих... 你眸子里燃起了熊熊的火焰，燃烧吧，请不要用这蓝色的火把我烧成灰烬……

● Пламя → Глаза（火苗→眼睛）

Мои глаза, подвижные, как пламя. 我的眼睛像火苗一样，是灵动的。

● Зарево → Глаза（火光→眼睛）

Но смелым заревом глаза его горели. 他的眼中燃烧着勇敢的火光。

● Пожар → Глаза（火灾→眼睛）

Но очей молчаливым пожаром / Ты недаром меня обдаешь. 你并非白白让我感受到你那眸子的沉默之火。

● Уголь → Глаза（炭头→眼睛）

Ее глаза горели, как уголья, от зависти и злобы... 出于嫉妒和愤怒她的眼睛像炭头一样在燃烧……

3.2.2.2 "火"观念向人的社会性框架区域的隐喻投射

Огонь → Мужчина（火→男人）

● Огонь → Мужчина（火→男人）

Мужчины отходили в сторонку и сгорали от зависти. 男人们走到一边，被嫉妒之火点燃了。

● Костер → Мужчина（篝火→男人）

Жених, как радостный костер, Горит могучий и прекрасный. 新郎，像一团快乐的篝火，燃烧得雄壮而美妙。

● Пожар → Мужчина（火灾→男人）

Зачерпнув из кадки ведро воды, он принялся обливать мужиков, словно тушить пожар. 他从浴缸里舀出一桶水，倒在男子的身上，仿佛要扑灭火灾一样。

Огонь → Богатство（火→财富）

- Огонь → Богач（火→富人）

Ты угасал, богач младой! 你就像火一般熄灭了，你这年轻的富人！

- Пожар → Богач（火灾→富人）

Он так быстро разбогател, как пылающий пожар, затушить уже не возможно... 他暴富起来，像熊熊燃烧的烈火一样，无法制止……

- Огонь → Богатство（火→财富）

Просят они себе богатства, а не знают, что оно огонь, к которому кто прикоснется, обожжется. 他们要求自己获得财富，但不知道财富是会烧伤人的火焰。

- Пепел → Богатство（灰烬→财富）

Все наши богатства – прах и пепел, они бессильны доставить нам то, ради чего стоит жить! 我们所有的财富都是尘土和灰烬，它们无法给我们带来我们活着要追求的东西！

Огонь → Драгоценность（火→宝石）

- Огонь → Жемчуг（火→珍珠）

Нюра, гладите, я вся плыву в огне: жемчуг, серебро, изумруд, – Господи, так хорошо! 纽拉，快看，我都飘荡在火焰之中：珍珠、白银、绿宝石——天哪，这太棒了！

- Огонь → Рубины（火→红宝石）

На шапочке горели огнем крупные бриллианты и рубины... 帽子中大钻石和红宝石像火焰一样燃烧着……

3.2.2.3 "火"观念向人的情感性框架区域的隐喻投射

Огонь → Вражда（火→仇恨）

- Огонь → Вражда（火→仇恨）

Он говорит, что пора погаснуть вражде, царящей между их домами. 他表示是时候消除笼罩着他们家庭的仇恨了。

- Костер → Вражда（篝火→仇恨）

Костер семейной вражды с каждым днем разгорается все ярче. 家庭仇恨像篝火一样，燃烧得日渐灿烂。

- Пожар → Вражда（篝火→仇恨）

Пожар вражды везде пылает… 仇恨的火焰四处蔓延……

- Пламя → Вражда（火焰→仇恨）

Может быть, он предвидел, что его кружок способен только еще более разжечь, а не утишить пламя этой вражды… 也许，他预见到，他的圈子只会让这仇恨之火焰更旺，而不能让它变小……

- Зарево → Вражда（火光→仇恨）

Неужели суждено мне навсегда закрыть глаза при кровавом зареве, неудержимо пожирающей ее вражды и злобы и не увидеть никогда счастливой? 难道真的注定要我在无法控制地吞噬着她的敌意和愤怒的火光中闭上眼睛，并且永远看不见幸福？

Огонь → Дружба（火→友谊）

- Огонь→Дружба（火→友谊）

Фальшивая дружба как огонь. Встанешь ближе – будет горячо, отойдешь – холодно. Потом потухнет огонь и всё встанет на свои места. 虚伪的友谊像火。靠近它——你会感到热；离开它——会冷下来。而后火熄灭了，一切都回到原来的样子。

- Костер→Дружба（篝火→友谊）

Правда, нужно помнить, что и любовь, и дружба – как костер. Если не подбрасывать в него топливо – он гаснет. Топливо дружбы – регулярное взаимное внимание, душевное участие, совместное развитие, поддержание общих интересов, созидательное участие в жизни друг друга. 的确，我们必须记住：爱情和友谊都像篝火。如果你不往里面添加燃料，它就会熄灭。友谊的燃料是经常的相互关注、真诚参与、共同发展、维护共同利益和创造性地参与彼此的生活。

- Факел→Дружба（火炬→友谊）

Их Дружба, как факел, высвечивает в людях самые лучшие

качества. Рядом с ними уже нет места грязи, подлости, несправедливости. 他们的友谊就像是一支火炬，照亮了人间最美好的品质。在他们身边，污浊、鄙夷和不公正没有容身之处。

- Пламя→Дружба（火焰→友谊）

Для кого-то дружба – это пламя, разгорится и сожжет до тла. Но есть люди, для которых дружба – это воздух, Не прожить им без неё ни дня. 对于有些人来说，友谊就像火焰——点燃后就烧成了灰烬；而对于有些人来说，友谊就像空气——没有友谊，一天也活不下去。

- Искра→Дружба（火花→友谊）

В мире, где властвуют эгоизм и одиночество, дружба – это искра, которая разжигает огонь в наших душах и наполняет их теплотой и светом. 在这个被自私和孤独主宰的世界里，友谊就像一束火花，它能点燃我们心灵的火焰，让我们的心灵充满温暖和光明。

Огонь → Любовь（火→爱情）

- Огонь → Любовь（火→爱情）

Огонь любви, огонь живительный! 爱情之火，能使人精神焕发的火焰！

- Костер → Любовь（篝火→爱情）

У меня больше нет сил, я сгорал на костре собственной любви... 我已没有更多的力量，我在自己的爱情之火中被烧得遍体鳞伤。

- Пожар → Любовь（火灾→爱情）

Когда, как лава, в жилах льется кровь, И, как пожар, горит в груди любовь. 当血液像洪流一样在我的血管中流淌时，爱情就像火一样，在我的胸口燃烧。

- Уголь → Любовь（炭头→爱情）

Женская любовь, точно уголь, который, когда пламенеет, то жжется, а холодный - грязнит! 女人的爱，就像炭头一样，当它燃

烧起来时会烫伤人，而冷却时会弄脏人。

● Пепел → Любовь（灰烬→爱情）

Так прошла вся его жизнь, и была она одною горькою обидой и ненавистью, в которой быстро гасли летучие огоньки любви и только холодную золу да пепел оставляли на душ. 他的一生就这样过去了，这一生是一种痛苦的怨恨和仇恨，其中爱情的火花匆匆熄灭，只有冷灰和灰烬留给了灵魂。

● Зола → Любовь（灰渣→爱情）

Славный человек должен избегать двух зол: славы и любви. 睿智的人应该避免两种灰渣：荣耀和爱情。

● Пламя → Любовь（火焰→爱情）

При тебе забывается горе, Загорается пламя любви! 当你忘记悲伤时，爱的火焰就会燃烧起来！

● Искра → Любовь（火花→爱情）

В это утро была последняя или предпоследняя в моей жизни искра зарождающейся любви. 今天早晨是我生命中新生爱情的最后或倒数第二个火花。

Огонь → Страсть（火→激情）

● Огонь → Страсть（火→激情）

Все слилось: тоска, рыдание, страсть, горящая огнем. 一切都混在一起：忧愁、哭泣以及燃烧着的激情。

● Пожар → Страсть（火灾→激情）

... или когда страсть вдруг охватывает, как пожар... ……或者当激情像火一样包围着我们时……

● Пламя → Страсть（火焰→激情）

– А помните ли, -- начал он опять, – кто породил во мне эту страсть, кто раздул пламя пожара. "你还记得吗，"他又说道，"谁引起了我身上的这种激情，谁燃起了激情的火焰。"

● Костер → Страсть（篝火→激情）

Яркий костер моей страсти подернулся пеплом сомнения. 我

激情的篝火变成了怀疑的灰烬。

● Зарево → Страсть（火光→激情）

Если б послушали вы, сколько толковал он мне об искрах очей, о зареве страсти... 倘若您听到他给我讲了多少有关双眸迸出的火花、激情的火光的事情……

● Искра → Страсть（火星→激情）

В замужней женщины, которая заставила меня думать, что она еще не знала истинной любви, и что я первый зажег в ней искру страсти. 作为一个已婚女人，她让我觉得她还不知道真爱，而我第一个在她身上点燃了激情。

● Пепел → Страсть（灰烬→激情）

Появление дерзкого проповедника Кази-муллы сосредоточило, дало религиозный характер мятежу, хотя настоящие тому причины давно тлели под пеплом страсти к хищничеству. 粗鲁传教士卡济·穆尔雷的出现给叛乱带来了宗教的性质，虽然真正的原因早就在对残暴行为的激情灰烬下燃着微火。

● Уголь → Страсть（炭头→激情）

Страсти в нем таились, и даже сильные, жгучие; но горячие угли были постоянно посыпаны золою и тлели тихо. 激情隐藏在他身上，甚至是很强烈、很炙热，但是像炭头一样的激情则像被蒙上一层灰烬，悄悄地燃烧。

Огонь → Гнев（火→愤怒）

● Огонь → Гнев（火→愤怒）

Горцы, знакомые с ним исстари, боялись его гнева как огня, но верили слову и безотчетно полагались на его справедливость. 自古以来就认识他的高地人，像怕火一样惧怕他的愤怒，但是他们相信诺言并不知不觉地指望着他的正义。

● Костер → Гнев（篝火→愤怒）

... пресса заживо сожжет тренера на костре праведного гнева. ……意味着媒体要在愤怒的篝火上活活地将教练烧死。

- Пожар → Гнев（火灾→愤怒）

Вставай же до неба, отмщенье, /Народного гнева пожар! 人
民的愤怒之火/直冲云霄！

- Пламя → Гнев（火焰→愤怒）

... и вдруг его гнев вспыхнул внезапно, как долго тлевшее
пламя. ……他的愤怒突然闪过，像一股长久闷烧的火焰。

- Пепел → Гнев（灰烬→愤怒）

Каким бы неистовым гневом, сжигающим в пепел, ответил
бы Белинский на этот бездушный смех «веселого покойника». 别林
斯基会带着何种烧成灰烬的狂怒，回应这个"快乐死人"的冷笑。

Огонь → Зависть（火→嫉妒）

- Огонь → Зависть（火→嫉妒）

И черной зависти огонь во взорах блещет... 嫉妒的火焰在他
的眼中闪耀……

- Пламя → Зависть（火焰→嫉妒）

... коляски и соболя зажигали неугасимое пламя зависти в
сердцах «наших дам». ……四轮马车和紫貂皮在"我们的女士们"
心中点燃了一股无法抑制的嫉妒之火。

- Искра → Зависть（火花→嫉妒）

Коль искра зависти в сем сердце зародится... 如果在这心中
产生嫉妒的火花……

Огонь → Злобность（火→凶恶）

- Огонь → Злобность（火→凶恶）

Как огонь не тушит огня, так и зло не может потушить зло.
就像火不能灭火一样，恶也无法熄灭恶。

- Пожар → Злобность（火灾→凶恶）

Сегодня злобность, как пожар в лесу, охватывает целые
семьи, выжигает и любовь, и доброту, и человеческий разум. 今
天，凶恶就像森林里的火，吞噬了整个家庭，烧毁了爱、善良和人
类的理智。

- Пламя → Злобность （火焰→凶恶）

Матрена покрылась багровым румянцем, и глаз ее блистало пламя негодования и злобы. 马特连纳满脸通红，而眼中则闪烁着愤怒和仇恨的火焰。

- Искра → Злобность （火花→凶恶）

Зло – это искра в уме / Что творит боль с отчаяньем / А доброта, что во мне – / Это Божье дыхание. 恶是思想中的火花/带来痛苦和绝望/而我身上的善良——/只是上帝的呼吸。

- Пепел → Злобность （灰烬→凶恶）

Пламя восстания тлеет в народе, как уголь под пеплом исторического зла. 叛乱就像火焰一般，在人民中间燃烧，就像炭头在历史之恶的灰烬下燃烧。

- Костер → Злобность （篝火→凶恶）

Ярых злоб во всех костер /Горит. 所有人身上/都燃烧着凶恶的篝火。

3.2.2.4 "火" 观念向人的心智性框架区域的隐喻投射

Огонь → Мысль （火→思维/想法）

- Огонь → Мысль （火→思维/想法）

Мысль горела, шла в глубине, но иногда поднималась… 思维点燃了，进入深处，但有时又升到高处……

- Костер → Мысль （篝火→思维/想法）

… мы еще видели отблески некогда полыхавшего костра мысли, застывшей великолепными руинами вдруг постигшей его гибели. ……我们还看到思维发出的余光，它曾经像火焰般炽烈，而后在它所遇到的死亡近旁，变成一座座巨大的废墟。

3.2.2.5 "火" 观念向人的存在性框架区域的隐喻投射

Огонь → Жизнь （火→生命）

- Огонь → Жизнь （火→生命）

Я сумел раздуть в нем огонь жизни. 我在他身上点燃了生命之火。

- Костер → Жизнь（篝火→生命）

Однако – жизнь – как костер неугасимый, вспыхнет и эта молоканка, дай срок. 然而，生命就像一场永不熄灭的篝火……

- Пожар → Жизнь（火灾→生命）

Нет, это не облака, а вся жизнь встает сплошным кровавым пожаром... 不，这不是云，而所有的生命都像沾满鲜血的火焰，升腾而起……

- Пепел → Жизнь（灰烬→生命）

Если так думать о смерти – ничего не останется от жизни, она превратится в пепел, она обессмыслится, опустеет. 如果这样思考死亡——生命中什么都不会留下，它会变成灰烬，会变得毫无意义，空无一切。

- Зола → Жизнь（灰渣→生命）

... жизнь в человеке прекращается, она превращается в золу и уходит в небытие. ……一个人的生命停止，会变成灰，并不复存在。

- Пламя → Жизнь（火焰→生命）

Особенно страшны были две ночи, когда пламя жизни, казалось, готово было совсем потухнуть... 有两个晚上特别可怕，生命的火焰似乎要完全熄灭……

- Искра → Жизнь（火花→生命）

Тоже самое суждено мне... жизнь как искра, слеза. 注定我会发生同样的事情……生命就像火花、泪水。

- Зарево → Жизнь（火光→生命）

Светлым, страшным заревом вставала прошлая жизнь их племен и родов... 他们部落和氏族过去的生活像明亮而可怕的火光般浮现在眼前……

Огонь → Смерть（火→死亡）

- Огонь → Смерть（火→死亡）

Смотреть на него, как на хворост, сгорающий в огне смерти.

看着他，就像看着在死亡之火中燃烧的枯枝一样。

● Пепел → Смерть（灰烬→死亡）

... умирает от чахотки его брат Николай — и на весь мир падает для него пепел смерти. 他弟弟尼古拉因为肺结核生命危在旦夕，而对他来说，整个世界都飘散着死亡的灰烬。

● Искра → Смерть（灰烬→死亡）

Люди погибают не от пули, болезни или несчастного случая, а потому, что сталкиваются величайшие силы и летит искрами смерть. 人并非因为子弹、疾病或不幸的事情而死去，而是因为遇到一些巨大的力量，而死亡就像火花一样四处飞散。

综合上述分析，我们共计列出了"基本原素"观念域中"火"观念向"人"观念域进行隐喻投射的 14 个隐喻模式，包括：火→眼睛、火→男人、火→财富、火→宝石、火→仇恨、火→友谊、火→爱情、火→激情、火→愤怒、火→嫉妒、火→凶恶、火→思维/想法、火→生命、火→死亡。

从隐喻投射的方向来看，"火"观念向"人"观念域的隐喻投射主要集中在人的情感性框架区域（包括火→仇恨、火→友谊、火→爱情、火→激情、火→愤怒、火→嫉妒、火→凶恶的隐喻模式）和人的社会性框架区域（包括火→男人、火→财富、火→宝石的隐喻模式）。

从隐喻模式的对立性来看，存在显性对立，如"火→仇恨"与"火→友谊"、"火→爱情"与"火→嫉妒"、"火→生命"与"火→死亡"。亦存在隐性对立，如当隐喻模式表达式"X→Y"中"Y"表现为具体性时（如火→眼睛、火→男人、火→宝石），隐喻模式"X→非 Y"中的"非 Y"则表现为抽象性（如火→仇恨、火→友谊、火→爱情、火→激情、火→愤怒、火→嫉妒、火→凶恶、火→思维/想法、火→生命）；当隐喻模式"X→Y"中"Y"表现为情感性时（如火→爱情、火→激情、火→愤怒、火→嫉妒、火→凶恶），隐喻模式"X→非 Y"中的"非 Y"则表现为理性（如火→思维/想法）。

3.2.3 "空气"观念与"人"观念域的隐喻分析

"空气"观念与"人"观念域的隐喻模式暂时较少，主要有：空气→轻浮、空气→灵魂、空气→自由、空气→思维。

Воздух →Легкомыслие（空气→轻浮）

● Воздух→Легкомыслие（空气→轻浮）

Легкомыслие – свежий воздух нашей жизни! Каждое помещение, хотя бы время от времени проветривать! 轻浮就像我们生活的新鲜空气！每一个住所哪怕是偶尔通通风也好！

● Ветер→Легкомыслие（风→轻浮）

Облонский действительно даровит, но ветер. 奥勃龙斯基确实有才华，却也很轻浮。

● Сквозняк →Легкомыслие（穿堂风→轻浮）

Он человек со сквозняком, даже время не лечит. 他就是一个轻浮的人，时间也没办法治愈。

● Суховей →Легкомыслие（燥热风→轻浮）

Ее сдержанное легкомыслие все равно дуем на меня, как суховей, и мне стало неловко. 她那有所克制的轻浮还是像一股燥热的风吹向我，让我不舒服。

● Туман →Легкомыслие（雾→轻浮）

Ее легкомысленный поступок затуманил мою приязнь к ней. 她轻浮的举动就像雾一般，让我对她的好感变得模糊起来。

Воздух → Душа（空气→灵魂/心灵）

● Воздух →Душа（空气→灵魂/心灵）

—Да что вы, сын мой, душа – это как воздух. "得了，我的儿子，灵魂——这就像空气一样。"

● Ветер → Душа（风→灵魂/心灵）

Душа поэта, как ветер, касающийся струн, издает гармонические напевы почти непроизвольно, чего, очевидно, не в состоянии выделать самый искусный и опытный барабанщик. 诗

人的灵魂，就像触动琴弦的风一样，几乎不由自主地发出和声曲调，这是最熟练、最有经验的鼓手无法制出的。

● Вихрь→ Душа（旋风→灵魂/心灵）

Душа – это некое огненное дуновение, вихрь, состоящий из атомов маленьких и круглых. 灵魂是一种火热的微风，是由小而圆的原子组成的旋风。

● Бриз → Душа（微风→灵魂/心灵）

Светлая душа – это приятный весенний бриз. 美丽的心灵就像春日里那令人心旷神怡的风儿。

● Буря → Душа（狂风→灵魂/心灵）

Но приходится сдерживаться и казаться спокойным, когда в душе бушует буря. 当内心狂风大作时，不得不保持克制，并表现出镇定的样子。

● Шторм → Душа（风暴→灵魂/心灵）

Может быть когда-нибудь снова/ Моя штормовая душа вернется мальчишкой фратовым / В широких матросских клешах. 或许，有朝一日/我那风暴一般的心灵会变成一个穿着海军裤的男孩/重新回来。

Воздух → Свобода（空气→自由）

● Воздух → Свобода（空气→自由）

Теперь вы, может быть, понимаете, почему я вышла из-за Ипполнта Сидорыча; с ним я свободна, совершенно свободна, как воздух, как ветер... 现在您或许明白我为什么会嫁给伊普波尔恩特·西多雷奇；和他在一起，我是自由的，完全自由，就像空气一样，像风一样……

● Ветер → Свобода（风→自由）

Как ветер, мысль его свободна, Зато, как ветер, и бесплодна. 他的思想像风一样，是自由的；但也像风一样，是贫瘠的。

● Вихрь → Свобода（旋风→自由）

Искусство свободно, как вихрь; но кто же может сказать,

что вихрь свободен, а не подчинен непреложным атмосферным законам? 艺术是自由的，就像旋风一样；但谁可以说旋风是自由而不受不可违反的大气规律的影响呢？

- Сквозняк → Свобода（穿堂风→自由）

Елизавета будто стянула с себя резиновую скорлупку противогаза и смаковала сквозняк свободы. 伊丽莎白似乎已经摘掉了防毒面具的橡胶硬壳，并品尝了像穿堂风般的自由。

- Ураган → Свобода（飓风→自由）

И вдруг нас подхватил разрывающий легкие ураган свободы. 突然间，一股撕裂肺部的自由像飓风卷起了我们。

Воздух → Мысль（空气→思维/想法）

- Воздух → Мысль（空气→思维/想法）

Это смутнение воздуха мысли его угнетало. 像空气般混乱的思维使他很难受。

- Ветер → Мысль（风→思维/想法）

Свежий ветер мыслей веет лишь на просторах ума и сердца. 思维像阵新鲜的风，只是在头脑和内心扬起。

- Вихрь → Мысль（旋风→思维/想法）

Неожиданно на меня обрушился целый вихрь мыслей. 各种想法像一阵旋风一样，突然向我袭来。

- Смерч → Мысль（旋风→思维/想法）

У него в голове закрутился смерч мыслей. 各种想法像旋风般，在他脑中乱成一团。

- Ураган → Мысль（飓风→思维/想法）

Страшные мысли ураганом неслись у него в голове. 奇怪的想法像飓风般在他脑中盘旋。

- Шквал → Мысль（狂风→思维/想法）

10 книг, которые вызывают шквал мыслей. 引起思维风暴的10本书。

这里虽然仅得到"空气"观念向"人"观念域进行隐喻投射的

4个隐喻模式，但亦存在隐性对立，如当隐喻模式表达式"X → Y"
中"Y"表现为否定性时（如空气→轻浮），隐喻模式"X →非Y"
中的"非Y"则表现为肯定性（如空气→灵魂、空气→自由）；如当
隐喻模式表达式"X → Y"中"Y"表现为感性时（如空气→轻浮），
隐喻模式"X →非Y"中的"非Y"则表现为理性（如空气→灵魂、
空气→思维/想法）。

3.2.4 "土地"观念与"人"观念域的隐喻分析

根据我们目前所掌握的语料，"土地"观念在向"人"观念域进
行投射过程中产生的隐喻模式较少，我们搜集到的能产性较高的有
土地→母亲、土地→家园、土地→灵魂。

Земля → Мать（土地→母亲）

● Земля → Мать（土地→母亲）

Нет, говорю, у меня ни отца, ни матери, кроме бога и земли.
Бог – отец, земля – мать. 不，我说，我没有父亲，也没有母亲，
除了上帝和地球。上帝是父亲，地球是母亲。

● Родина → Мать（祖国→母亲）

Вряд ли я терялся в догадках, но, зная себя, могу
предположить, что некоторое недоумение я все же испытывал,
тем более что родина – мать. 我未必没有猜到，但是我了解自己，
我可以认为我仍然感到有些困惑，何况我的祖国就像是母亲。

● Мир → Мать（世界→母亲）

— О мире, мать моя, о мире сокрушаюсь, – отозвалась мать
Софрония, снова тяжело вздыхая. "我为这个世界——我的母亲，
伤心难过，"母亲索夫罗尼娅回答道，再次叹了口气。

● Пашня → Мать（耕地→母亲）

... и скоро эта самая тамбовская пашня не сможет
прокормить всех, как многодетная мать во время войны. ⋯⋯很
快，这片坦波夫耕地将无法养活所有人，就像战时有很多孩子的母
亲一样。

● Чернозем → Мать（黑土地→母亲）

На Тютнаре и около чернозем родит обильно рожь, овес, гречу... 在丘特纳尔黑土附近盛产黑麦、燕麦、荞麦······

● Степь → Мать（草原→母亲）

А моя мать - степь широкая, а мой отец - небо далекое. Они меня воспитали, кормили, поили, ласкали. 而我的母亲是辽阔的草原，父亲是遥远的天空。

Земля → Дом（土地→家园）

● Земля → Дом（土地→家园）

И кому может быть угодно, чтобы милая Земля - дом для всего живого - вдруг разверзла хищную пасть и вытрясла из этого живого всю душу? 谁会希望亲爱的地球——一切生命的家园——突然猛烈陷落并且使这个生命吓得心惊胆战？

● Родина → Дом（祖国→家园）

Казалось, я пролетарий, у которого нет ничего, и вдруг представилось, что не добровольно, а насильно я должен покинуть родину, и оказалось, что родина - дом мой и мне предстоит новое разорение. 我似乎是个一无所有的无产阶级，突然之间似乎并不是自愿地，我被迫离开祖国，结果发现，祖国是我的家，我也面临着新的毁灭。

● Страна → Дом（国家→家园）

- Да, я за свой дом не держался, - сказал Калина Иванович. - Мне вся страна домом была. "是的，我没有保护我的家，"加琳娜·伊万诺维奇说，"对于我来说，整个国家就是家。"

● Мир → Дом（世界→家园）

Перед ней открылся совсем другой мир, дом - где можно было сытно поесть, двор, где можно выбирать друзей. 在她面前打开了一个完全不同的世界，一个可以吃饱喝足的家，一个可以选择朋友的院子。

Земля → Душа（土地→灵魂/心灵）

● Земля → Душа（土地→灵魂/心灵）

Семя, посеянное в душах детей, принесет плод. 播种在孩子心灵这片土地上的种子一定会结出果实的。

● Почва → Душа（土壤→灵魂/心灵）

Я не перестану сеять доброе семя, хотя бесплодная почва душе твоей отвергает его. 我不会停止播撒善的种子，虽然你那像贫瘠的土壤的心灵拒绝接受它。

● Поле → Душа（田地→灵魂/心灵）

... у женщины же он (пол) разлит по всей плоти организма, по всему полю души. ……对于女人来说，性别的特征就像水一般，散布在她的整个身体上，散布在她心灵的土壤上。

● Степь → Душа（原野→灵魂/心灵）

Разве мыслимо интеллигентному мужу – пахарю одному вспахать всю бескрайнюю целинную степь души настоящей женщины? 难道可以想象一个有修养的丈夫就像一个庄稼人一样，独自一人去耕种女性那片无边无际的灵魂之原野吗？

● Грунт → Душа（泥土→灵魂/心灵）

Не упадет зерно стиха в открытый грунт души смиренной... 诗歌的种子并未掉落到恭顺灵魂那袒露的泥土上……

● Суша → Душа（陆地→灵魂/心灵）

И пустыми местами вся суша души проступившая стонет... 一片片空白区域隐现出来的心灵之陆地在鸣咽……

在上述"土地"观念向"人"观念域进行隐喻投射的 3 个隐喻模式中，亦存在隐性对立，如当隐喻模式表达式"X → Y"中"Y"表现为具体性时（如土地→母亲、土地→家园），隐喻模式"X→非Y"中的"非Y"则表现为抽象性（如土地→灵魂/心灵）。

如此一来，隐喻作为一种认知和语义生成模式，以认知子系统的知识、概念、观念作为其认知操作单位，进行认知操作。通过隐喻这一认知操作，"基本原素"观念域基于词典释义的基本形态得到填充，呈现出以下形态，见图10。

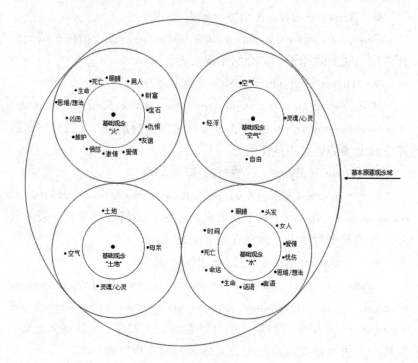

图 10　经填充后的"基本原素"观念域形态

本章小结

在本章，我们将"人"观念域划分为人的物理性、人的社会性、人的情感性、人的心智性和人的存在性五个框架区域，对"基本原素"观念域中的四个基础观念"水""火""空气"和"土地"向上述各框架区域进行隐喻投射的隐喻模式进行了提取，并对隐喻模式所呈现的特点进行了分析。我们发现：第一，"水"在向人的存在性和心智性框架区域进行隐喻投射时，具有较多能产性的隐喻模式，而"火"的投射则主要集中在人的情感性框架区域；目前得到的"空气"观念向"人"观念域进行隐喻投射生成的隐喻模式则是投向人的心智性框架区域,"土地"观念则投向人的社会性框架区域,但由于数量较少,我们尚且无法得出结论,在后期收集到更多语料后,我们将进行补充。第二,"水""火""空气"和"土地"观念向"人"观念域进行隐喻投射生成的隐喻模式存在对立性,其中,对于"水"和"火"观念的隐喻模式呈现出强对立性,而"空气"和"土地"的隐喻模式呈现出弱对立性。

第4章 "基本原素"和"人"观念域间
隐喻互动的语言文化分析

在第 3 章，我们对"基本原素"和"人"观念域内部原素的隐喻互动进行了分析，得到了大量的隐喻模式。一方面，因观念域内基础观念的物化单位在相应隐喻模式中具有较高的参与度，一些隐喻模式具有较高的能产性，从而使得这些隐喻模式对语言的认知和文化方面的研究具有重要意义，我们将其理解为"基本原素"和"人"观念域隐喻互动所生成隐喻模式在内容层面的特点；另一方面，隐喻模式还具有对立性，就如在上文中我们所阐述的——当存在某一隐喻模式"X→Y"时，总会出现"X→非 Y"的隐喻模式，我们将其理解为"基本原素"和"人"观念域隐喻互动所生成隐喻模式在形式层面的特点。

根据我们的研究思路，我们需要对隐喻进行"文化寻根"，故对"基本原素"和"人"观念域隐喻互动过程中生成的隐喻模式在上述内容和形式上的特点，我们拟通过"水""火""空气"和"土地"四个基础观念涵义空间内的原型涵义进行分析。选择原型作为隐喻文化寻根的出发点有三个原因。其一，作为原型发生学意义基础的神话与隐喻具有密切的联系——随着时间的流逝，人类思维类型发生变更，神话在构建世界图景中的作用逐渐消退，但语言通过词的内部形式、固定表达和隐喻将神话的"残骸"保留下来了。马·米·马可夫斯基（M.M.Маковский）曾指出："就来源来看，每一个隐喻实际上就是一个小的神话。"（Маковский，1991：145—153）而保留神话"残骸"的隐喻不可避免地存在原型涵义，换言之，我们能够从原型中找到隐喻模式产生的内容性依据。其二，原型是集体无意识的单位，对民族思维、民族意识和民族心智具有规定性作用。其三，在前文对原型和观念之间的关系进行阐释时，我们认为观念涵义空间中存在原型涵义，对观念在人类思维认知活动中的运作具有规定作用。

4.1 "基本原素"观念域内观念的原型涵义分析

在第 2 章我们对原型和观念之间的关系进行了说明，确定了观念涵义空间中原型涵义对观念的作用。我们认为原型是一种"前观念"，它对观念的产生和阐释具有决定性作用，从在思维体系中的地位而言，原型高于观念；同时，恰巧是它的基础性、决定性、遗传性、复现性等特点，使它在长期的历史发展过程中，进入观念的涵义空间，成为观念中蓄载民族文化信息和民族心智的主要意义成素。所以，在本节中，我们拟对进入"水""火""空气"和"土地"四个观念涵义空间的原型涵义进行分析，以期对"水""火""空气"和"土地"观念的运行，具体来说是它们与"人"观念域之间隐喻互动在内容和形式上的特点进行文化阐释。

原型是一种原始形象，规定人类不同时代的集体形象、思维，并体现在神话、童话和艺术中。但原型并非直观的，而是一种集体无意识，需要我们付出一定的努力去"发掘"出来，因为荣格就将原型视为集体无意识的组成部分，人的创作过程首先应是原型的"复活（оживление）"，也即原型在通常的情况下，处于一种不活跃状态，可在很长的时间内作为一种潜能而存在。原型和神话密切相关，但"并不能将原型理解为特定神话形象或神话情节的能指，它在围绕某一中心思想形成不同的表征的势能（потенция）中得到体现；并且不同的表征在具体的细节上存在差异，但作为基础的中心思想保持不变"（Юнг，1997：66）。阿·阿·布鲁德也指出原型为由现象的微缩（минимальная）结构构成的能产性系统，能够在文化中呈现出来，并通过文本得到传播。（Брудный，1998：60）谢·格·沃尔卡切夫则将观念的原型模式（即本书中的原型涵义）归结为词源意义（этимологическое значение）（Воркачев，2004：34）。与谢·格·沃尔卡切夫的原型模式相似的还有尤·谢·斯捷潘诺夫、弗·维·科列索夫等。尤·谢·斯捷潘诺夫将对原型涵义的探寻深入到词语的历史层（исторический слой），弗·维·科列索夫则将原型等同于词的内部形式（внутренняя форма）。根据不同学者对原型阐释时使用的一些关键字眼，如“复活”“势能”“微缩”“词源意义”“历史层”“内部形式”等，我们可以看出，原型并不会以显而易见的形式体现在语言的表层，需要我们付出努力去探索和揭示。

那么如何去揭示作为观念涵义空间中重要组成部分的原型涵义呢？

阿·彼·谢德赫关注原型与民族神话的密切联系，认为某一民族的基本神话体系即原型的具体体现（Седых，2004：54）；米·列·科金则认为原型能够对一系列语言现象进行解释，反过来看，在语言现象中能够发掘出原型；伊·格·奥利尚斯基（И.Г.Ольшанский）指出原型可以用于阐释包括固定在成语、俗语、仪式、传说、迷信等被神话化的语言文化单位（Ольшанский，2000：34）。斯·弗·卡巴科娃则强调固定表达（идиом）中形象的原型性，故而通过对固定表达中形象的解读可构建语言载体的共同文化空间（Кабакова，2004：84）。涅·列·梅什金娜（Н.Л.Мышкина）则将原型所寄生的单位扩展到文本，她指出：“原型在创作中得到再现，并通过创作对人产生影响；并且，民间创作是原型的表达式……包含集体意识原型的文本对文本阅读者的无意识会产生一定影响，能够激活原型并正确引导阅读者的心理世界和外部环境。”（Мышкина，1999：152）从上述表达中我们可以看出原型“寄生”于神话、成语、俗语、固定表达、民间创作、仪式、传说、迷信等从词语到文本的各个层级的，具有语言表达和非语言表达的单位中，换言之，可以通过对上述材料的分析，发掘出作为集体无意识组成单位的原型。

学术无国界之分——国内学界从事文学人类学研究的叶舒宪提

出的原型"N 级编码论"与上述学者的学术观点不无相通之处。"N 级编码论"的实质在于研究人类"记忆"文化原型的过程。在认为不应将源于神话的原型局限于神话的同时,叶舒宪提出需要从"大传统"和"小传统"中探寻文化原型。其中,"大传统"指先于文字和外于文字记载的传统,如民俗、仪式、原始宗教、图腾信仰等文化事象;"小传统"指文字传统。(叶舒宪,2013:30—31)

上海外国语大学博士研究生白旭在其博士学位论文《神话原型视阈中的俄语身体观念域研究》中,整合了俄罗斯学者尤·谢·斯捷潘诺夫关于观念的层级结构理论和中国学者叶舒宪提出的原型"N 级编码论",提出建立多级原型编码的方法,见图 11(白旭,2017:51—52),并按照该原型编码方法为身体观念域中的"足(нога)""眼(глаза)""头发(волосы)"三个观念词构建了原型编码体系,证实了使用该方法进行观念涵义空间构建的可行性。

神话和童话(身体观念词所蕴含的神话认知和神话思维)
民俗(仪式、巫术、迷信、禁忌、占卜、习俗等)和宗教文化(词的内部形式)
语言事实(成语、谚语、俗语、固定短语、民间口头文学创作等形式的语言表达)
诗歌文本

图 11 多级原型编码构建模式

上述国内学者的观点实际上指出:神话和童话,民俗和宗教文化,词的内部形式,成语、谚语、俗语、固定短语、民间口头文学创作等语言和非语言形式,甚至是诗歌文本都可成为观念原型涵义的载体;换言之,我们需要从上述语料中发掘观念的原型涵义。

综合中俄学者的观点,原型是一种潜在的深层涵义,需要我们从各个层级的语言材料和非语言材料中去发掘,包括神话和童话,仪式、迷信、禁忌、习俗等民俗文化形式,词源,成语、谚语、俗语、固定短语等。

在下文中,我们将借助上述各种语言材料来进行"水""火""空气"和"土地"四个观念原型涵义的分析。在这里我们稍作说明:

在探究作为隐喻模式产生的内容性依据的观念涵义空间内原型涵义，也即隐喻模式在内容层面的特征时，我们主要借助民俗文化、成语、谚语、俗语、词源等材料；而在探究作为隐喻模式形式层面特征依据的"水""火""空气"和"土地"四个观念原型涵义的二元对立性时，我们主要采用神话、童话及民俗材料。如前文所述，原型涵义需要从各个层级的语言和非语言材料，尤其是其中具有民族文化载蓄功能的材料形式中发掘出来。虽然诸多语言和非语言材料都可作为发掘观念涵义空间中原型涵义的材料，但在进行观念原型涵义的分析时，我们首先从包括仪式、迷信、禁忌、征兆、习俗等在内的民俗文化形式出发，寻找原型涵义。选择神话和童话作为材料是由原型和神话发生学性质的联系所决定，选择词的词源作为材料是由其对原型涵义"基因性"的重要地位所决定，选择民俗材料则是由其重要的文化载蓄功能及在国内观念分析中具有一定新颖性所决定；然而，并非所有的原型涵义都能在民俗文化形式中得到显示，故我们还借助成语、谚语、俗语进行原型涵义的补充探讨。

4.1.1 "水"观念的原型涵义

在第 3 章的分析中，我们得到了水的 12 个具有不同能产性的隐喻模式：水→眼睛、水→头发、水→女人、水→爱情、水→忧伤、水→思维/想法、水→言语、水→话语、水→生命、水→命运、水→死亡、水→时间。在下文中，我们试图根据我们所掌握的材料为其中部分隐喻模式找到相关原型涵义，作为其产生的文化依据。

4.1.1.1 水是命运的指示器

在斯拉夫文化中，水是一种与人类命运有着千丝万缕联系的神圣基质，是命运的指示器，这一原型涵义在其民俗文化中得到了极其丰富的体现。首先，在有关人的命运的婚嫁仪式中，水占据着重要地位。根据古代俄罗斯人的观念，婚姻的缔结通常要求渡越河流，即从河流的一岸去到另一岸；古斯拉夫人甚至会烤制出专门的面包投入水中或是河流中，以祈求水尽快促成婚姻大事；或是将花环抛入河中，若是流水能够带走花环，占卜人则会笃信将有媒人上门求亲；在西伯利亚地区人们通过洗澡来求得未婚夫的习俗仍旧存在——在尤里耶夫日，成年的姑娘们会三人成组到河里洗澡，并通过一些问话完成一种约定俗成的仪式，以求取未婚夫。为了确定未来丈夫的脾气秉性，人们通过向水中投入石头来占卜——如果石头激起水花，那么未来丈夫的脾气将会非常暴躁；如果石头静静地沉入水中，则占卜的姑娘将会和一位脾性温和的人成婚。除了通过水占卜未婚夫的脾性之外，古斯拉夫人还信奉水能预示未来伴侣的容貌，故在所有斯拉夫民族中，女孩们常会跑到河流、溪流或是水井边，或是借助水的另一种镜像——镜子，试图窥探未来丈夫的容貌；或是夜间在床下放置一个装满水的碗，这样即可在睡梦中遇见自己的未来丈夫。（Толстой，1995：389）其次，在民俗文化中，斯拉夫人广泛使用水来预测个人命运走向、占卜凶吉。为了解自己未来命运如何，可以观看装有水的容器或者是河面：如果水是清澈的，则预示诸事顺利；反之，则预示着疾病或是死亡将至。斯拉夫人将水视为已过世先人的寄身之所，向水中投入祭品，并把花环投入水中进行占卜，以求水中的神灵告知命数——在库帕罗节时，在别尔哥罗德的谢吉诺夫卡村有着借助水进行占卜的传统：人们会编织花环并将它们投入水中。若有人的花环沉入水中，则他将命不久矣；若有人的花环随着流水漂向远处，则此人将长命百岁。（Толстой，1995：315）总之，斯拉夫人将水与人的命运密切关联，将水视为人类命运的指示器。

水作为命运的指示器这一原型涵义在谚语、成语中也得到一定程度的固化。谚语"В воду глядит, а беду говорит.（看看水，知不幸。）"非常直观地表明了水在俄罗斯民族意识中具有"预示、告知灾祸"的功能。而成语"Вывести на чистую воду"中水作为命运指示器的原型涵义则潜藏在深处，需要我们对该成语进行词源分析。成语"Выводить/Вывести на чистую воду"意为"Разоблачать; уличать в чем-л.（揭发，告发。）"例如：Я так надеялась, что ты выведешь этого негодяя на чистую воду.（我多么希望你能揭发这个坏蛋。）该成语意义形成的依据为利用水进行占卜的情境：在此类占卜仪式中，借助水能够看清罪人的外貌——因为在古代占卦者会把行恶或带来疾病的有罪之人的面孔在清水的表面展示出来（Телия，2017：145）。

由此可得出"水"观念涵义空间中"水是命运的载体"这一原型涵义，在包括俄罗斯民族在内的斯拉夫民族文化和语言意识中，命运顺水而来，在水中沉浮。所以，存在"水→命运"这一隐喻模式。

4.1.1.2 水是生死之载体

水和人存在的两个模态——生和死紧密相连。在斯拉夫文化中，水是生命和死亡的载体：水和水体被视为阳间和阴司之间的分界线，是人乘坐生命之舟驶向人间的通道，同时水也被斯拉夫人视为危险的异空间，是冥界的入口。在民俗文化中，水和人的生死密切相关。水，尤其是一些特殊的水，比如家里有病人、新生儿时储存在家中的水，擦洗逝者身体的水，举行葬后宴、葬礼后的水，会带来死亡，因此需要将它们倒到人迹罕至的荒郊野外。并且，斯拉夫人迷信，人死后的灵魂会潜入水中，故在俄罗斯北方，通常会在处于弥留之际的人近旁放上一桶水，以便让死者的灵魂钻入水中；因此，他们禁止使用家庭成员离世时储存在家中的水。在斯拉夫人的解梦说中，若是梦见浑浊或是污浊的水，则会出现死亡或疾病。（Толстой，1995：300）这一切都表明水在俄罗斯民族文化中作为死亡的载体。

与此同时，在俄罗斯民俗文化中，水因被赋予净化和治愈的属性，也是生命的载体。在特定的节日或日期取自泉眼或水井中的水具有治愈任何疾病、保护人不受不洁力量侵犯的功效。用在遵循特定仪式和禁忌条件下获取的水擦洗病人，能够促进病人康愈，留住生命。同时，"Будь здоров, как вода.（愿你像水一样健康。）"的咒语在所有斯拉夫民族中都是适用的。在俄罗斯民俗文化中，水的治愈、康健和保护功能又将水与生紧密相连。

综上所述，包括俄罗斯民族在内的斯拉夫民族自古即将水视为生与死的载体：逝者的灵魂隐藏于水中，而能够延续和保护生命的治愈之力也蕴藏于水中。

此外，在词源中也可发掘出水与死亡的关系。"Мора"是斯拉夫神话中死亡之神的名字，而在俄罗斯北方，神话形象 "Мара" 为人们用来吓唬姑娘们的恐怖之神。而与 "Мора" 和 "Мара" 进入同一构词词族的有 "уморить（整死，送掉某人的命）" 和 "море（海）"。那么问题产生了，在俄语中水（море）为何与死亡（уморить、Мора、Мара）同源呢？历史学家给出了自己的解释：在不具备悠久航海史的罗斯，海的形象与其说是现实的，倒不如说是虚幻的、被神话化的，因此，对于罗斯人来说，对特定水质地的界限的渡越即为死亡，这可用于解释水为何与死亡同源。（Кашарная，2003：243—244）水和生命的关系则体现在 "плоть（身体、血肉）" "плот（木筏）" "плота（溪涧）" "плотва（拟鲤）" 这四个词的同根（源）性上。奥·尼·特鲁巴切夫指出 "плоть" 一词来源于作为 "плот [средство передвижения по воде（木筏——水上移动的工具）]" 词源的古斯拉夫词根 "plъt-"（Трубачев，1994：9），而与此同时，弗·伊·达尔词典中收录的 "плота"（意为溪涧，并由该普通名词派生出许多表示水体名称的专有名词，如 "Старицкая Плота" "Ржавая Плота" "Лещинская Плота" 等）一词同样来源于这一词根；此外，根据斯·阿·科沙尔娜娅的论述，被斯拉夫民族用来称名一种体型不大的鲤科淡水鱼的 "плотва" 一词同样可以被归入上述构词词族，继而根据古斯拉夫语词根 "plъt-" 所表示的 "плыть（游泳）" 之意及 "плоть（身体、血肉）" "плот（木筏）" "плота（溪涧）" "плотва（拟鲤）" 四个词的同根性推断出：在俄语中，人的 "плоть（身体、血肉）" 随流水而来，就如木筏和水中的鱼类，可以游动，生命源自水（Кашарная，2003：254）。到这里，水与人的生命之间的关系就不言自明了。

如此可见，在俄罗斯文化中 "水→生命" 和 "水→死亡" 隐喻模式的存在并非偶然。

4.1.1.3 水是女性的化身

在俄罗斯民间，水被人化，具有女性的名字，被赋予女性形象，与孕育生命、生产、哺乳等女性特质相关联。"Елена（叶莲娜）" "Ульяна（乌里扬娜）" "Иордана（伊奥尔丹娜）" "Милая

матушка-вода（亲爱的水之母亲）""Христовая мать（基督之母）"
等女性名称都被用来称呼水。此外，水的这一女性本质在斯拉夫民
间习俗、迷信、禁忌中得到显化。在俄罗斯民俗文化中，水可以有
助女性受孕。在古罗斯时期，新婚夫妻如果想要早日孕育后代，则
会从地下挖出装在罐子中的从蒸汽澡堂中蒸浴床上收集的水，并将
从丈夫在新婚之夜所穿的衬衫上剪下的一块布条烧成灰，化入水中
喝掉；在沃洛格达地区，人们信奉喝下洗过鸡蛋的水或是取自四十
个泉眼的水能使妻子在婚后尽快怀孕。水还与女性特有的生产活动
相关。在俄罗斯外奥涅加湖地区，当产妇难产时，接生婆会请求遇
到的第一个人朝产妇脸上喷几口水，以助产妇生产（Толстой，2005：
450）；或是请求所有在场的人把手指伸入水中，而后把浸湿手指的
水给产妇饮用，喝剩下的水则洒在其身上，以助其顺利生产；或是
把煮过从有几个孩子家庭借来的鸡蛋的水给产妇喝。同时，水还和
哺乳有一定关联。斯拉夫人曾有过使用河水擦洗产妇乳房以使其奶
水充足的习俗；或是使用河水淋洗产妇，以达到同样的目的；甚至
在举行婚礼仪式时，新郎需要在去教堂的途中，把水喷在新娘胸部，
以保证新娘在日后生产后能够提供充足的奶水。（Толстой，1995：
388）除了和水接触外，喝水也被视为具有催奶的功能。产妇常被建
议多喝水，特别是教堂的圣水，而在波列西耶（Полесье）地区①，
根据民间迷信，产妇直接将头伸入水桶内喝上三口水也能起到同样
的作用（Толстой，1995：563）。水的这种孕育生命和繁衍后代的母
性特征还可以间接地体现出来。斯拉夫人认为水具有繁殖能力，故
在下种之日一大早，农民会特地赶到泉边或井边，使用泉水或井水
将种子浸湿；或是使用河水连续三天在黎明时分浸润种子，认为这
样一定会取得好收成。（Афанасьев，1995：231）

所以，女性孕育生命、生产和哺乳等活动需要水的参与，孕妇
与水的出现密切相关。在所有斯拉夫民族的传统中，孕妇都被赋予

---

① 此地区虽然在当前位于白俄罗斯境内，但因其比较完整地保留了斯拉夫文化，成为
俄罗斯学者，如瓦·阿·马斯洛娃研究俄罗斯文化进行田野调查和取材的重要地点。

"唤雨"的仪式性功能。在波列西耶地区，人们认为用水冲淋孕妇或是把孕妇暂时浸入河水中，或是让其在河中洗澡，或是将水喷溅在孕妇身上能够唤来雨水。（Толстой，1995：161）

此外，词源分析也能给出一定佐证。斯拉夫神话中的莫科什女神（Мокошь）是重要的神话形象。从词源上看，"Мокошь"与形容词"мокрый"及俄罗斯的河流名称"Мокша（莫克沙河）"同源，与水具有密切联系；而与此同时，莫科什女神是产妇的保护神，掌管女性的生产。这也间接证明了俄罗斯民族意识中水所具有的女性特质。

因此，根据水的这一原型涵义，我们不难理解"水→女人"这一隐喻模式的高度能产性。

4.1.1.4 水是时间的度量

在斯拉夫文化中，水贯穿了人的整个存在过程：通过水受孕，来到人间，而后坐着生命之舟沿着通向冥界的河流走向死亡，并且，人存在的时间也是通过水来度量。在民俗文化中，水作为时间的度量主要体现在两个维度上。

一方面，在很长的时间段内，水在古罗斯人民的日常和宗教生活中都作为一昼夜之内确切时间的度量。在古罗斯时期，在没有钟表计时的时代，除了借助自然现象，如驴的叫声、绵羊的行为、鸟儿的飞行状况，特别是公鸡的鸣叫等来粗略判断时间外（Толстой，1995：362），主要是借助日晷、沙漏和铜漏来计时。然而，日晷直到 15 世纪才出现在罗斯；而且即便出现时间如此之晚，日晷对于寻常百姓来说，仍是一件奢侈品，未能进入寻常百姓家中。而以水作为工质的铜漏则早在公元 988 年罗斯受洗时便随着基督教一同被引入古罗斯，随后在漫长的岁月内作为罗斯各民族人民，特别是教会人的计时工具，并在各类宗教仪式中发挥作用，对人们生活和时间概念的形成具有重要作用。在阿尔汉格尔斯克有"время от самой малой до самой полной воды, между приливом и отливом, около 6 часов（从最低水位到最高水位、从涨潮至退潮的时间为 6 个小时）"（Даль，2006：218）的说法，其缘由是：在罗斯时期，船员们在海上航行时，借助水来计算时间——船只吃水最浅到吃水最深、潮涨潮落之间的时间间隔约为 6 个小时，而且在这段时间内，船只大概能航行 30 俄里，约 32 千米。

另一方面，水是俄罗斯历法节气划分的重要依据，同样佐证了水在俄罗斯民俗文化中作为时间度量的这一原型涵义。在俄罗斯的农历节日中，存在一个名为圣灵降临周（Русальная недель）的节日。顾名思义，该节日与俄罗斯民俗文化中被视为和水相关的神灵"美人鱼（русалка）"不无关系。民间迷信，在圣灵降临周期间，作为非自然死亡姑娘魂灵的美人鱼在田间山野赤足奔跑，嬉戏游荡。在此期间，人们需要尽量避开她们，并在节日举行仪式，送走美人鱼。对于该习俗，弗·雅·普罗普（В.Я.Пропп）给出了自己的解释，认为人们在六月底七月初庆祝该节日，是因为该节日是俄罗斯农历春季和夏季的分界线，同时也和秋季不无关系——美人鱼在田间山野奔跑时给农作物带来了暖和、充沛的雨水，符合农业节气中夏季的特征；在圣灵降临周过后，美人鱼被人们送走，降雨变少，农作物成熟，秋季到来。（Пропп，1995：141—143）在这里，表现为"美人鱼"形式的水按照"春季→夏季→秋季"的时序来划分节气。而在博布鲁伊斯克，农民认为：在秋季，美人鱼便会钻入河中，并在河中度过整个冬季；在圣灵降临节当天美人鱼则从水中钻出，跑到地上，并且整个夏天都待在陆地上。虽然在不同地域，习俗稍有差异——这里作为水化身的美人鱼被用来按照"冬季→春季→夏季"的时序来划分节气。如此一来，水（以美人鱼的形式）与春、夏、秋、冬四个季节的划分都产生了联系。

综上所述，在俄罗斯民俗文化中，水既可以被用来度量小的时间单位，如小时、昼夜，也可以被用来划分春、夏、秋、冬四个季节，是度量时间的尺度。

同时，在谚语里也能找到"水是时间度量"这一原型涵义的踪迹。在谚语"Куда ночь, туда и день. Пора – проточная вода.（日循夜至。时光就是流水。）"中，流水即流逝的光阴；在固定表达"Много воды утекло с тех пор（光阴如梭）"中水作为时间的度量这一涵义更加明显：Да, много воды утекло, – сказал Володя. – Я теперь часто возвращаюсь мыслями к прошлому и вижу, что пожалуй, мы с тобой допустили ошибку.（"对，岁月如梭，"沃洛佳说道，"我经常回忆过去发生的点滴，意识到我们兴许错了。"）

因此，在俄罗斯文化中，时间是被水度量的。相应地，时间被赋予水的特征，能够流动，无法挽回，无穷无尽，是对"水→时间"这一隐喻模式的解释。

4.1.1.5 水是信息的载体

如前所述，水在民间习俗、迷信、禁忌、仪式等各种形式的民俗文化中，常被用于占卜和解梦，预示生死、嫁娶、命运、前程，水得到很大程度的神话化，成为一个重要的信息载体，在这里我们不再赘述。总之，人们总会通过各种途径与水或其他与水相关的物体（如河流、溪流、水井、镜子）发生接触，以获取有关命运、有关未来的信息和知识。这为"水→话语""水→语言""水→思维"隐喻模式的产生提供了依据。

同时，词源分析也能为我们的观点提供更多的佐证。首先，"вода""весть""ведать"三个词的词根"vod-""ved-""ved"实际上是同一词根的元音交替，而"vod-""ved-""ved"三个词根都是"знать（知道）"的意思。其次，在古罗斯时期，人们将多神教的祭司及能够预测命运的预言家称为"волхвы"，而在下诺夫哥罗德地区，人们把这一名称用来命名河流——"Волхов"即为俄罗斯河流名称。再次，"река（河流）"与"рекотать（大声说话）"和"речь（言语）"的同根性、"болото（沼泽）"与"болтать（闲聊）"的同根性也能说明一些问题。"река（河流）""рекотать（大声说话）""речь（言语）"三个词都来源于共同的斯拉夫语词根"rekti"，意为"реветь，громко кричать（吼叫、大声叫喊）"（Фасмер，1987：465—466），并且，基于该同源关系，在俄罗斯许多地方，采用了由"речь（言语）"派生的词来命名河流，譬如斯摩棱斯克的列科特卡河（река Рекотка）、阿尔汉格尔斯克的廖赫塔河（река Рёхта）以及流经特维尔、科斯特罗马和弗拉基米尔的涅列赫塔河（река Нерехта），人们以是否具有言语能力为标准来对河流进行称名。

此外，水是信息的载体这一原型涵义在成语中也得到固化。成语"Как в воду глядел"意为"как будто знать заранее; предвидеть, предугадать то, что произойдет в будущем（好像早就知道；预见到、预料到将来要发生的事情）"。例如：Накануне последнего дня соревнований тренер наших гимнасток принял решение – заменить Хоркину на Замолодчикову. И как в воду глядел: Елена Замолодчикова завоевала золотую медаль.（在比赛最后一天的前夜，体操教练决定用扎莫洛德奇科娃代替霍尔金娜；结果就像是教练早就知道一样：扎莫洛德奇科娃获得了金牌。）该成语的形成与利用水进行占卜的仪式相关：根据迷信，巫医或者是向巫医求助的人看向装有净水的罐子后，能够从水罐中看到已经发生、正在发生或将要发生的事情（Телия，2017：292）。显然，水在这里成为一个提供信息的载体。

所以，在通过民俗、词源及成语语料分析后，我们可以发现水作为信息载体这一原型涵义——人们通过和水接触，获得有关人的命运的相关信息，而水被赋予的言语能力，则恰好说明水是在被接触后将信息传递给人类。而这一原型涵义，可作为"水→思维""水→言语""水→话语"的隐喻模式的产生依据，因为思维、言语、话语都和信息相关。

综上所述，我们将对水原型涵义对其隐喻模式产生的规定性呈现如下：

表 1　水原型涵义对其隐喻模式产生的规定性

原型涵义	解释作用	隐喻模式
水是命运的指示器	⟹	水→命运
水是生死之载体	⟹	水→生命
		水→死亡
水具有女性之质	⟹	水→女人
水是时间的度量	⟹	水→时间

续表

原型涵义	解释作用	隐喻模式
水是信息的载体	⟹	水→言语
		水→话语
		水→想法/思维

4.1.2 "火"观念的原型涵义

在第 3 章的分析中,我们得到了"火"与"人"观念域进行隐喻互动时生成的以下较具能产性的隐喻模式:火→眼睛、火→男人、火→财富、火→宝石、火→仇恨、火→友谊、火→爱情、火→激情、火→愤怒、火→嫉妒、火→凶恶、火→思维/想法、火→生命、火→死亡。借助所搜集到的民俗、词源及语言事实材料,我们为其中的部分隐喻模式找到原型涵义依据。

4.1.2.1 火是维系家园的神奇力量

在俄罗斯文化中,火与家园、亲属关系总是具有密切的联系:火(具体化为炉灶)不仅是作为微观世界的家园得以构建的核心,同时也是联系成员与家园、家庭成员之间关系的一种神奇力量。按照俄罗斯民间习俗,在要搬到新家时,会从旧宅炉灶中取出若干燃烧的炭火,并放入新家的炉灶内,类似我们的"过火"习俗;当需要在父辈的老宅上开基建屋,则需要用火焚烧房屋的地基,或是在老宅的旧炉灶中点燃火;哪怕只是短暂地在久无人住或是被废弃的房屋中过夜时,首先也需要点燃炉火(Толстой,2005:517);在搬家时,女主人仍旧会点燃旧房子的壁炉,等柴火燃起后即将所有的炭火装入坛子带到新家,因为通过这种方式可以把住在壁炉中的家神接到新家(Толстой,2005:384)。所以,火是家的核心,是家园得以构建的基础。在克里木的尼日涅戈尔斯克地区,若有家人出远门,那么在出行者刚走出院子时,需要打开炉门和房门,这是表达希望出行的家人出行顺利,平安回家——炉火的暖气似乎会跟随出行的家庭成员并一直保护他；在诺夫哥罗德地区，出嫁的姑娘在离家之前会用手摸一摸壁炉，如果炉子是热的，那么预示着她将会有个善良的婆婆（Толстой，2005：384）。作为火燃烧结果的炉灰也具有相同的作用，这一点在家里有新成员或是宠物加入的仪式中体现出来。譬如，当佣人和新娘进入新家时，他们除了要向炉灶鞠躬致敬外，还会往自己的脚上撒上炉灰，而远去参军的青年在临行前身上也会被撒上炉灰；买回来的鸟、猫、狗等动物，主人通常会在它们的爪子上抹上炉灰，还会把用鸽子羽毛烧成的炉灰撒在鸽子窝中以防止它们飞走，等等（Толстой，2005：666）。也就是说，在俄罗斯文化中，火可以作为家庭成员的身份得到认同或与家庭这一社会单位建立密切联系的文化依据。同时，还需要特别指出的是，在俄罗斯文化中，火对家庭成员与家庭之间关系的维系不只是局限于生者。在 19 世纪，在某些地区甚至仍存在点起篝火并呼唤已经去世的亲人围到篝火边取暖的传统。在每年的 12 月 24 日，在一些地区，人们会根据传统习俗在院子里点燃一堆篝火，以让不在人世的祖先们到篝火边取暖。根据俄罗斯的坦波夫地区和奥廖尔地区的习俗，在圣诞节前夜会在院子里使用麦秸点起一堆篝火，全家人围着篝火站定，怀着虔诚的心情并保持沉默，因为他们坚信，在这一天逝去的亲人一定会到篝火旁边取暖。（Пропп，1995：28）

　　火与家庭、家园之间的关系在词源中也得到固化。马·米·马可夫斯基通过对印欧语系多种语言进行对比，确定了"огонь（火）""род（种族）""семья（家庭）"三个词之间的对应关系，并指出"пламя（火焰）"和"племя（部落）"之间的词源关系（Маковский，1991：240）。而瓦连金·里奇对"пламя（火焰）"和"племя（部落）"词源关系的解释则更能证明火对维护和守护家园关系的重要性：基于辅音确定俄语单词的语义架构和众多词语日常使用的"亲属"关系这一原则，他指出了"пламя（火焰）""племя（部落）""племянник（侄子）"三个词语之间共同的辅音"п""л""м"及潜在的共同辅音"н"并非偶然——"Не было бы племени, не было бы пламени. Не было бы пламени, не было бы племени.（没有火就不会有部落，没有部落也不会有火。）"此外，瓦连金·里奇通过类似的方法确定了"дым"和"дом"之间的"亲属"关系——"А где печь, там и дым. А где дым, там и дом.（哪里有炉子，哪里就有烟；哪里有烟，哪里就有家。）"（Валентин Рич，2012：6）总结上述词源分析的结果可知，"огонь – род""пламя – племя – племянник""дым – дом"在词源上的"亲属"关系从一个侧面说明了火与家园之间的关系——火是家园的象征，若更深入一些，则火是维系和凝聚家园的神圣力量。

另外，在谚语，如"Кто сидел на печи, тот уже не гость, а свой.（坐在炉子边的人不是客人，是自己人。）""Дом пахнет дымом, а гроб ладаном.（家散发出烟的味道，棺材散发出香烛的味道。）""Будь, как у себя дома. Будь, что дома: полезай на печь.（就像在家一样，像在家一样，爬上炉子吧。）""Свой у печи, да не приставай к чужой речи!（自己人，围炉坐，但也不要对他人喋喋不休!）"中，"火"观念的物化单位"дым（烟）"和"печь（炉子）"也载蓄了俄罗斯民族人民心智中有关火作为家园关系的维系、守护家园神圣力量的文化原型涵义。

基于火的这一原型涵义，火具有的可以燃烧、能够给人带来温暖的特性被投射到人的身上，为"火→友谊"的隐喻模式的产生提供了一定的依据。

4.1.2.2 火是财富的守护力量

在远古时代，粮食和牲畜是衡量家庭财富的两个重要标准。在俄罗斯的民俗文化中，我们可以看到，火被当成粮食和家畜的守护神，活跃在各种节日和仪式、禁忌、迷信中。在俄罗斯库帕罗节，人们会在河边燃起篝火，参加仪式的人都要跳过篝火，认为这样可以保证庄稼丰收，并且，跳过篝火时跳得越高，庄稼的收成也就越好（Толстой，2005：340）。在坦波夫地区，农民迷信在濯足节这一天，从壁炉里掏出一些炉灰撒在菜畦上可以使白菜长得更加茂盛。在有的地方，为保护粮食不被老鼠啃食，会举行特定的仪式：巫师从麦穗堆的四个方向各取出一些麦穗，放入炉灶，使用烧热的钳子将麦穗点燃，并边念咒语边将所得的麦穗灰烬撒到麦穗堆上。民间还存在一些和火相关的兆头，譬如农民在耕地下种的时候不论如何都不会允许借火给他人——因为他们相信，如果把火借出去，则粮食会歉收。（Толстой，2005：515）为了除去作物中的杂草、保证粮食丰收，农民在播种之前会拿着种子在松针燃烧后升起的烟中熏一熏，或抓起一小撮藜麦种子扔到火中，认为这样会使长出来的粮食像金子般。（Афанасьев，1995：5）火的这一神奇作用对家畜也同样适用：在库尔斯克地区，为使母鸡下的蛋更大，农妇们会在濯足节这一天掏出一些炉灰撒在鸡舍里；在把牲口赶到市场上售卖时，主人往往会在牲口身上撒上作为火燃烧结果的炉灰，希望买家会出个好价钱——希望买家给的金子像炉灰一样多（Афанасьев，1995：11）。

在俄罗斯民间传奇故事中有两个重要形象——家神多莫沃伊（Домовой）和蛇妖格雷内奇（Змей Горыныч）。家神多莫沃伊是家庭庇护神，可以保护家畜抵御病害，风干收割的粮食，防止其腐烂，并能赶走小偷，避免小偷盗窃家庭的财物，但家神多莫沃伊自己的庇护所却与火不无相关——多莫沃伊白天通常坐在他最喜欢的壁炉后面（Толстая，2002：145）。蛇妖格雷内奇是俄罗斯民间传奇故事中的另一个形象。一方面，它是火的化身——蛇妖格雷内奇又称"火蛇（огненный змей）"，而其名字"Горыныч"，不少学者认为其应该来源于"гореть（燃烧）"一词；从外表来看，格雷内奇周身是火——"из ноздрей пламя пышет（鼻孔里窜出火焰）""из ушей дым валит（耳朵里烟气冲天）""Изо рта - огонь-костёр（口吐烈焰）"，并且"язык его остёр（舌头就是一堆篝火）"；"трясется земля, вода в реке превращается в огонь（地动山摇，河中的水变成火）"是蛇妖现身的"标配"，并且"Я твое царство огнем сожгу, пеплом развею!（我要用火把你的王国烧成灰烬!）"是蛇妖在发出威胁时的标准"表达式"。另一方面，蛇妖又是无尽财富的拥有者——它总是住在具有无尽财富的山洞或王国。如此一来，通过民间童话故事表现出来的火与财富的二位一体在一定程度上也是"火是财富的守护力量"这一原型涵义的再现。

"火是财富的守护力量"这一原型涵义可对隐喻模式"火→财富""火→宝石"做出一定的解释。

4.1.2.3 火是情感的使者

火与爱情、痛苦、忧愁等情感之间的关系并不只是单纯建立在相似性基础上,而是与俄罗斯民族意识中火的功能相关。火常出现在咒语、爱情邪术或仪式中,用于获取某人的爱情。比如在"… помоги мне разжечь у (кого) страсть и любовь ко мне!(请帮我在某人的心中燃起对我的激情和爱情!)"这一爱情咒语中即通过火来唤起某人,使他/她能听到施咒人的爱情表白;在一些地方,男子为赢得某位女性的青睐,会抓来一条蛇,用蛇的油脂做成蜡烛并点燃蜡烛,希望随着蜡烛烧尽,其青睐的姑娘对其他男子的爱情也即将褪去。在俄罗斯的爱情邪术中,当妻子发现丈夫移情别恋时,会偷偷取一块留有丈夫足迹的土,放入炉灶中焚烧,希望丈夫和被炉火烤炙的土块一样,因为爱情而萎靡、受折磨;在弗拉基米尔地区,对于爱上他人的丈夫,妻子会将丈夫的头发缠在壁炉的炉门上,希望通过这种仪式使丈夫对其他女子的爱情消退。(Толстой,2005:156)此外,火的各种形式,如炉子、火炬、火把也具有同样的功能。在波列西耶地区,年轻的姑娘们会在库帕罗节用桦树皮制成火炬状的小卷,手持点燃后的桦树皮火炬跳起圈舞,并通过手中的火炬施咒,希望小伙子只爱自己一人——"Огонь горыть, у наших холопец живот болыть, хай болыть, хай знають, а чужих дивок не займають.(火在烧,而我们单身小伙的肚子在疼,让它疼吧,让它疼吧,这样就不能爱上其他女孩了。)"在奥洛涅茨地区,民间最为典型的爱情咒语为:"Как горит щепка в огне, так бы горело сердце (кого) по мне…(希望某人的心就像燃烧的木片一样,为我燃烧……)"(Толстой,2012:389)

与此同时,在俄罗斯的民间童话故事中,众多作为火的化身的童话人物形象也与爱情有密切的关系。媒婆奶奶(Баба-сводница)、火姑娘(огненные огневицы)、雅迦老巫婆(Баба-Яга)都是通过点燃炉火，使童话故事中的某一人物按照他们的意志迸发对另一童话人物的炙热爱情；俄罗斯传奇故事中的形象火蛇也是类似的形象：当逝去丈夫的妻子过度思念已离世的丈夫时，这种因过度思念而招致的火蛇会幻化成年轻男子的模样，接近和诱惑丧夫的女子，使她陷入爱情。(Толстой，2012：296)

另外，爱情、愤怒、悲伤、忿恨、痛苦等情感与火及由火引起的灼痛感之间的关系在词源中也得到反映。"горе（痛苦）"和"гореть（燃烧）"、"печаль（悲伤）"和"печь（炉子）"、"желание（意愿）"和"жечь（点燃）"分别属于同根词对是对火与人类情感关系的直接证明。格·奥·维诺库尔曾援引高尔基小说中的人物马特维·科热米亚金的话："Вспомнилось, как однажды слово гнев встало почему-то рядом со словом огонь и наполнило усталую в одиночестве душу угнетающей печалью. — Гнев, соображал он, — пригневаться, огневаться, — вот он откуда, гнев – из огня! У кого огонь в душе горит, тот и гневен бывает. А я бывал ли гневен-то! Нет во мне огня.（曾几何时，愤怒一词开始和火一词连用，并通过压迫人的悲伤充斥着疲于孤独的心灵——这就是它源起何处，愤怒源于火！心中有一团火在燃烧的人就是愤怒的。而我曾经愤怒过吗？我心中没有那团火。）"(Винокур，1959：392—393) 这也说明了火和愤怒之间的关系。

鉴于以上所述，我们就不难理解为何在俄语中，火被用于隐喻各种情感——爱情、激情、嫉妒、愤怒。

4.1.2.4　火是男性的化身

与水的女性特质相对立的是，斯拉夫文化中的火是男性化的。首先，在火的神话化和拟人化过程中，对火的称呼是男性的，如火王（огонь-царь）、火老爷（огонь-батюшка），这一点充分反映了在俄罗斯人的意识中对火的男性化定位。其次，在民俗文化中，火被视为男性的阳具，被赋予授孕的能力。在有关新婚之夜的某些仪式中，火还可以作为男性生殖器及授孕的象征：出席婚礼的所有女性、未婚夫、公公和婆婆都需要从点燃的篝火上方跳过去，并将引燃的木头穿过出席女性的衣服前襟下摆,以保证新婚妻了能够尽快受孕;新婚夫妇在去教堂佩戴婚礼冠之前,需要举行一系列的仪式,而其中和火相关的仪式主要是为了保证新婚夫妇能诞下后代,比如在某些农村地区,新婚夫妇在婚礼礼毕后需要跨过大门附近燃起的麦穗,目的是保证新婚夫妻在未来的生活中多子多福;在有些地方,为达到同样的目的,新婚夫妻需要跳过火。(Толстой,2006:516—517)

此外,俄罗斯民族认为火是男性的,这一点在词源词典中也能找到相关的证据。在印欧语中作为"огонь(火)"一词词根的"ar-"同时具有"人、男人"及"燃烧"的意思(Маковский,1991:243)。该原型涵义恰好为"火→男人"的隐喻模式做出一定的解释。

表 2　火原型涵义对其隐喻模式产生的规定性

原型涵义	解释作用	隐喻模式
火是维系家园的神奇力量	⟹	火→友谊
火是财富的守护力量	⟹	火→财富
		火→宝石
火具有男性之质	⟹	火→男人
火是情感的使者	⟹	火→爱情
		火→激情
		火→愤怒
		火→嫉妒

4.1.3 "空气"观念的原型涵义

在第 3 章的分析中,我们得到了"空气"与"人"观念域进行隐喻互动时生成的三个隐喻模式:空气→灵魂、空气→自由、空气→轻浮。"空气"观念的原型涵义可为上述隐喻模式提供一定的解释。

4.1.3.1　空气是灵魂的寓所
在俄罗斯民俗文化中,空气更多地被赋予消极的色彩。在强调空气是人生存的必需品的同时,空气被视为逝者的灵魂、鬼神等不洁力量的寄身之所。古罗斯人认为，灵魂可化身为气柱、风、烟等各种形式的空气。灵魂以空气、蒸汽的形式随着人呼出的最后一口气离开人的身体，实现灵肉的分离；关于这一点，东斯拉夫民族语言中有关人濒死状态的固定语言表达"пара вышла, уже остатняя пара（断气了，最后一口气）""дух вон（断气）"就是很鲜明的例证。在波列西耶地区的鬼神故事中，路人在路过新坟时看到坟墓上方冒出的具有逝者外形的气柱即为逝者的灵魂。寄生于空气中，这些灵魂或鬼魂也只能通过空气（或作为空气形式的风、旋风等）来跟踪路过的行人；而行人为避免其带来的危险，可通过逆风奔跑的方法摆脱灵魂的追踪。（Толстой，1999：315）

作为空气典型代表形象的风和旋风也能体现"空气"观念的这一原型性涵义成分。卡舒布地区的人民迷信，若是在祭灵节（День поминовения усопших）刮起大风，则说明逝去亲人的灵魂在哭泣；在波尔塔瓦地区，亡灵以阵风的形式到来和离开；在沃洛格达地区，人们相信，灵魂在与肉体分离后，御风而行，在天地之间游荡一段时间再等待上帝的发落，而旋风则总是与非自然死亡的死者的灵魂相关；逝去的亲人、丈夫的灵魂也会化身为旋风回到家中；而反过来，在斯摩棱斯克地区，人们将风称为灵魂。（Власова，1995：140）总之，空气及空气的各种形式自古即为灵魂的寄身之所。

而在对"воздух（空气）"一词的词源进行分析后，我们更能清楚地看到空气与灵魂之间的密切关系。"воздух"一词来源于古斯拉夫语，通过元音交替（ъ/о）的方法派生于"въздъхнати"；而后在共同斯拉夫语中，"воздух"与"дохнуть""дух"来源于共同的词根，其中"дух"一词为来源于印欧语的共同斯拉夫语词，其词根与"дохнуть"和"дышать"两个词的词根相同。（Шанский，1971：88，136，135）。从上述词源考古可发现，"дух""воздух""дышать""дохнуть"具有同源性，进入同一构词词族，并将斯拉夫民族思维意识中对空气的认知固定在语言单位中。

因此，当俄罗斯民族认为人的灵魂就寄生于空气、幻化为空气的各种形式时，他们把空气的各种特质投射到人的灵魂、使用空气隐喻灵魂便不足为奇了。

4.1.3.2 空气是一种不确定和不可靠的基质

在俄罗斯文化中，空气更多的是被赋予无用性、不确定性和不可靠性等消极的特性。这一点，除了空气本身所具的不能被人观察和感受的物理特性外，和俄罗斯民俗文化中将空气视为不洁力量的寓所和病疫传播的介质不无关联。

关于这一点，成语、谚语、俗语给出了比较强有力的证据。谚语"С огнем не шути, с водой не дружись, ветру не верь.(不要玩火，不要近水，不要信风。)"非常明确地告诫人们不能相信作为空气存在形式之一的风。谚语"Спроси у ветра совета, не будет ответа.(向风寻求建议是得不到答复的。)""Кто ветром служит, тому дымом платят.(为风服务的人，得到的报酬是烟。)""Воздух, сколько ни глотай, сыт не будешь.(无论吞入多少空气，都不会饱。)"则警示人们空气的无用性——和空气打交道是徒劳的。成语"Строить воздушные замки"意为"Мечтать о несбыточном, предаваться фантазиям(寄希望于不可实现的事情,陷入幻想)"，例如：Она была далеко от реальной повседневной жизни, постоянно строила воздушные замки в надежде на то, что мечты ее станут явью.(她远离现实的日常生活,幻想着她的梦想将成为现实。)因为空气的加入，这里的"城堡"成为空洞无益的幻想。成语"Держать нос по ветру"则通过风的形象表达了俄语语言载体语言意识中空气的不确定性这一特质。"Держать нос по ветру"意为"Беспринципно менять свои взгляды, оценки, поведение в зависимости от изменения обстоятельств(根据情况无原则地改变看法、评价、行为)"，例如：Только тот, кто не видит дальше своего носа, может держать нос по ветру(只有那种鼠目寸光的人才会见风使舵。)在这里成语的语义与作为空气表现形式的风的不确定性、多变性密切相关。

因此，我们可以看到，在俄语中，空气常被用于隐喻不可靠的、轻浮的人。

"空气"的上述两个原型涵义也对"空气→灵魂""空气→自由"

"空气→轻浮"的隐喻模式做出了一定的解释。

表3　空气原型涵义对其隐喻模式产生的规定性

原型涵义	解释作用	隐喻模式
空气是灵魂的寓所	⟹	空气→心灵
空气是一种不确定和不可靠的基质	⟹	空气→自由
		空气→轻浮

4.1.4　"土地"观念的原型涵义

在第3章的分析中，我们得到了"土地"向"人"观念域进行隐喻投射时生成的以下隐喻模式：土地→母亲、土地→家园、土地→灵魂/心灵。我们通过分析发现，也存在相应的原型涵义能与其中的"土地→母亲"和"土地→家园"隐喻模式对应。

4.1.4.1　土地是家园的替代物

根据古代斯拉夫人的习俗，移居者在移居到其他地方时，都会随身带走故乡的一撮土，以能够在新的地方安定下来，避免思念故乡。在外的游子或是朝香客也有类似的做法：他们会随身携带故乡的一抔土，若遇到不测意外身亡，则可以把土撒在他的眼睛和坟墓上，借此维系他和故乡的联系。在某些地方，若离开家乡去到别处，人们会按照传统习俗，向护身囊内装入一些故乡的土，并佩戴在胸前，象征着家和家园庇护作用的延伸。沃洛格达地区的居民迷信，在搬迁到新的地方后，需要把从故乡带过来的土撒到新的地方，并念道："Я по своей земле хожу!（我走在自己的土地上！）"为克服对逝去亲人的怀念，人们常取其坟墓上的一小撮土放在胸前或用来涂抹胸膛。（Толстой，1999：319）

在谚语、成语中也能找到土地作为家园的替代物这一原型涵义的有力佐证。谚语"Что в поле родится, все в доме пригодится.（田地上长出来的一切在家里都有用。）"明确表示：凡是土地里生产的东西都可以进入家这一神圣区域——借助"поле"这一表示土地的具体形象，土地成为某人或事物能够融入家庭的重要判断因素。而在成语"За тридевять земель"中，土地作为家园的替代物这一原型涵义则较为隐晦。成语"За тридевять земель"意为"Очень далеко. Подразумевается пространство, воспринимаемое говорящим как чужое, неизвестное, иногда – как потенциально опасное（很远，指在说话人看来很陌生、未知，有时甚至具有潜在危险的空间）"，例如：Когда Володе исполнилось полтора года, мы с Геннадием разошлись. Он уехал за тридевять земель.（当沃洛佳一岁半的时候，我和根纳季分手了。他去了非常遥远的地方。）该成语的形成与古时人们对土地的认识有关：土地最初与属于某一种族或部落的地域，也即"自己的"空间相关，因此，这块土地是唯一的，也只存在单数形式。（Телия，2017：212—213）自然而然，在"27 块土地"之外的空间，自然与"自己的空间"、家园失去联系，成为遥远的、异己的甚至是危险的空间。

4.1.4.2 土地是母亲的化身

在前面我们谈到，在俄罗斯文化中，水具有女性之质，那么土地的气质则被细化为女性中的母亲——土地作为母亲的化身，被赋予母性特质是土地观念词涵义空间最浓墨重彩的一部分。

首先，我们来看俄罗斯人对土地的称呼。"Мать-земля""Матушка""сырая Земля""Сыра-Земля Мать""Земля-Богоматерь"等都是斯拉夫人对土地的称谓，显而易见，这些称谓都与母亲的形象相关联。弗·尼·托波罗夫也曾就其中的"Мать-земля"称谓做出了自己的解释。在他看来，该称谓并不只是一个形象性的表达，而且反映了斯拉夫人对土地看法的本质（Топоров，2000：239）。

其次，在诸多的习俗、仪式、迷信和禁忌中都不同程度地强调了土地的母性特质。生育之力作为母亲的典型特征，被赋予土地。在古俄罗斯农历节日中，存在悼亡节（Семик）。但该节日被视为女性节日。在节日当天，姑娘们聚在一起，采集白桦树树枝并编制成花环，依次传戴这个花环，并穿过花环或是树冠被连在一起的白桦树相互亲吻。节日中这一固定仪式实际上是表示从大地汲取孕育万物的力量——无论是白桦树树枝编制的花环，还是白桦树本身都蕴藏着大地孕育生命的能力。通过传戴花环、穿过花环亲吻的仪式性行为，所有的姑娘，并非作为一个个体，而是作为女性整体，获得大地的孕育生命的能力（Пропп，1995：139—140）。土（地）的母性特质鲜明地体现出来。根据斯拉夫人的迷信禁忌，在报喜节（Благовещение）之前，大地处于"孕期"，因此，在报喜节之前禁止耕作土地。尼·伊·托尔斯托伊也肯定俄罗斯文化的土地被赋予母性特质，并援引相关的民俗文化作为佐证："东斯拉夫民族，其中也包括俄罗斯人，将'Мать-земля'的古老形象保留下来，比如禁止使用棍子抽打土地，禁止在报喜节之前扰动土地，禁止向土地吐痰。"而未出生便夭折的婴儿在从母胎中被取出来之后，被埋葬在土地中，寓意为将婴儿送返到母亲的子宫内。（Толстой，1995：19）

同时，在词源中也能找到一定的佐证。在下诺夫哥罗德，人们将黑钙土（чернозем）称为"материк（大陆）"，而该词词根即为"матер"，即"мать（母亲）"。在分析"женщина（女人）"一词的词根时，奥·尼·特鲁巴切夫认为其来源于古印欧语词根"gen-"；弗·尼·托波罗夫（1994）对这一课题进行了进一步研究，得出古斯拉夫词根"zɛb-"，即俄语中的"зябь"（被平整好准备春播的土地）即来源于古印欧语词根"gen-"的结论。根据上述内容，我们可以得出"женщина"一词与"забь"（即"поле"）的同根性，而通过现象看本质，这里的"забь"强调的是土地的生产性，实际上反映斯拉夫人的意识中，能够生产的妻子，也即母亲与土地（这里呈现为田地的形式）之间的紧密关系。

土地的上述两个原型涵义也对"土地→母亲""土地→家园"隐喻模式做出了一定的解释。

表4　土地原型涵义对其隐喻模式产生的规定性

原型涵义	解释作用	隐喻模式
土地是家园的替代物	⟹	土地→家园
土地是母亲的化身	⟹	土地→母亲

4.2 "基本原素"观念域观念原型涵义的 二元对立体系

前文中我们提到，隐喻模式还具有对立性，这种对立性体现在：当存在某一隐喻模式"X→Y"时，总会出现"X→非 Y"的隐喻模式，例如"火→仇恨"与"火→友谊"、"火→爱情"与"火→嫉妒"、"火→生命"与"火→死亡"的对立。我们认为，"基本原素"观念域"水""火""空气""土地"四个观念与"人"观念域隐喻互动过程中所产生隐喻模式的对立性存在深层原因。故而在下文中，我们试图从"水""火""空气""土地"四个观念涵义空间内原型涵义的二律背反这一特点上对这一问题进行解读。

在下文中，我们将采用神话、童话①、民俗文化这三种作为民族文化记忆和文化思维重要载蓄的材料，来阐释"水""火""空气""土地"涵义空间内原型涵义的对立。

4.2.1 "水"和"火"观念内部的原型涵义的强二元对立

水、火、空气、土地作为创世的四个基本原素，在斯拉夫民族的认知中，呈现出一种二元对立的形态，譬如水本身就被视为神圣与邪恶的统一体，并由此衍生出其他的一系列对立，如男与女、生与死、保护与破坏、健康与疾病、积极与消极等。然而，由于上述四个原素各自不同的特质，且在民族文化、宗教、日常生活等各个方面所具备的不同作用，俄罗斯民族对它们有不同的认知。根据我们所掌握的材料，"水"和"火"观念内部原型涵义呈现强二元对立性，而"空气"及"土地"观念的原型涵义则呈现出弱二元对立性。

4.2.1.1 "水"观念原型涵义的二元对立体系

在绝大多数斯拉夫民族的文化和传统中，水被赋予积极的涵义，

---

① 本书中的所有童话均出自阿·尼·阿法纳西耶夫（А.Н.Афанасьев）所编纂的三卷本《俄罗斯民间童话故事》（«Народные русские сказки»），故不再另行注明出处。

因此在称呼水时，古斯拉夫人常使用"милая""чистая""матушка"等字眼。在俄罗斯文化中也不例外。随着时间的流逝，俄罗斯民族对水的看法发生了变化——人们注意到了水的二重性，对待水这一基本原素时，持一种二元对立的看法。一方面，水是一种神圣的物质，是生命和力量的来源，具有净化作用；另一方面，水是一种邪恶的物质，是阳间和阴司的分界线，为鬼怪及其他不洁力量提供居所，传播病疫，带来死亡。

1）神话中"水"观念原型涵义的二元对立

神话首先涉及的是神话形象。在斯拉夫神话中，存在众多和水相关的神话形象，其中最主要的是海王（Царь Морской）、水之女王（Вода-царица）、莫科什女神、水怪（Водяной/водный дедушка）、美人鱼。这些和水有关的神话形象亦善亦恶，成为一面透镜，折射出俄罗斯文化中"水"这一观念原型涵义的二律背反性。

海王在斯拉夫神话故事中被塑造成一个迷恋古斯里琴师萨特阔（Садко）琴声的神灵。一方面他能够通过控制海风海浪，给琴师带来巨大的财富；另一方面也因为他在萨特阔琴声下的疯狂舞蹈，引起滔天巨浪，造成无数海上航行者的死亡。（Асов，2000：76—77）

水之女王在斯拉夫神话传说中同样也具有两面性。她体现了水所具有的"孕育生命"这一原型涵义，因此，神话传说中，她为没有子嗣的夫妻送去婴孩，作为代价，她总是要求向她求助的人在她那里度过三昼夜的时间——虽然是三昼夜，但实际为漫长的生命，故水之女王又被赋予"诱惑年轻男子"的这一特点。也即水之女王能赋予生命，同时也能利用时间这一工具，消耗人的生命。

莫科什女神是斯拉夫神话系统中最为神秘和矛盾的神话形象之一，掌管雨水和粮食收成及世间万物的命运（Капица，2011：55—56）。莫科什女神性格多变，时而温柔，时而暴躁；能给人带来快乐，又能造成人的痛苦。当遇到困难却不放弃梦想、坚持到底的人遇到困难时，莫科什女神会派去幸福和成功女神斯列恰（Среча），助其摆脱困境；但对于遇到困难就自我沉沦、放弃梦想的人，莫科什女神则会露出自己的另一副面孔——她会派出独眼老妖（Лихо

Одноглазое），随之而去的是无尽的绝望和痛苦。（Асов，2000：34—35）

水怪是斯拉夫神话中与水相关的另一重要神话形象。总体上，水怪在斯拉夫神话中是恶灵的主要代表之一，他外形丑陋，在绝大多数情况下给人带来灾难和不幸。为安抚水怪，防止其作恶，人们想尽各种办法献祭。然而，水怪却是蜜蜂的保护神，为祈求水怪保护蜂群，古斯拉夫人常将蜂蜜献给水怪；若祭祀得当，水怪也可帮助水磨顺当运作。（Капица，2011：32—34）

美人鱼是斯拉夫神话中和水相关的女性神话形象，亦为恶灵，是水怪的妻子。但美人鱼也具有两面性。首先，从外形上，美人鱼可以是披散着长发的漂亮姑娘，也可以是浑身长毛的丑陋妇人。其次，美人鱼的形象通常是恶毒的，因为在斯拉夫神话中，美人鱼经常用自己的美貌和诱人的声音诱惑男子，将他们拖入水中；同时，美人鱼也具有善良的一面——她经常给在林中迷路的老人指路，并且在圣灵降临周期间，通过在林间和田野上奔跑带来农作物所需要的雨水，从而给人们带来好的收成。

这些神话形象作为水的拟人化形象，反映了人们在蒙昧时期对水这一基本原素的认知的结果。积极的神话形象被赋予消极的方面，恶灵也有善良之处。这实际上折射出古斯拉夫人自古以来对水这一原素认知中的二律背反性。

此外，在俄罗斯文化中，水的二律背反性在"生命之水—死亡之水（живая вода – мертвая вода）"及从其衍生的"强水—弱水（сильная вода – слабая вода）"这两对神话化单位中得到非常具体的体现。在维·米·罗莎莉（В.М.Рошаль）编撰的《俄罗斯象征百科辞典》（《Энциклопедия символов》，2008）中，对"生命之水"和"死亡之水"进行了解释，"在斯拉夫神话观念中，生水是天空之水，带来生命，滋养众生；死水是地下之水，荼毒生命，带来死亡"，将统一于水的生水和死水置于"生—死"的严格对立之中。

2）童话中"水"观念原型涵义的二元对立

在俄罗斯童话文本中，"水"观念"神圣—邪恶"这一原型对立得到发展，衍生出 "生—死""保护—破坏""助力—障碍"等二元对立。

生—死

在俄罗斯的童话中，"水"观念的"生—死"原型对立有着非常具体的体现：水既可以给童话故事中的人物带来生命，同时也可造成童话故事人物的死亡。在俄罗斯童话故事《青铜国、白银国和黄金国》(《Три царства – медное, серебряное и золотое》) 中，有两桶不同的水，喝下其中的一桶水能使人更加强壮，而喝下另一桶水则使人变得软弱无力；作为水的体现的"牛奶"，在该童话故事中也体现出了这一对立——伊万王子被迫跳入煮沸的牛奶中，变成了美得无法形容的美男子，而贪婪愚蠢的国王则被滚烫的牛奶煮熟了。在童话故事《火鸟与瓦希莉莎公主》(《Жар-птица и Василиса-царевна》) 中，年轻的射手被扔进开水后并未被烫死，反倒是变成美男子；而贪婪的国王想效法射手的做法，爬入装满开水的铁锅，却被烫得皮开肉绽，丢了性命。

保护—破坏

在俄罗斯童话故事中，水在被赋予保护力量的属性同时，也常常具有破坏性，给故事的主人公带来生命的威胁。

在童话故事《熊王》(《Царь-медведь》) 中，水起到了神奇的保护作用，阻碍凶残的熊王追上伊万王子和玛利亚公主：熊王即将追上伊万王子和玛利亚公主时，大湖中的滔天巨浪阻碍了熊王的前进，保护国王的两个孩子从熊王的追逐中逃脱出来。在童话《海王和聪明的瓦希莉莎》(《Морской царь и Василиса Премудрая》) 中，水帮助变成公鸭和母鸭的王子和瓦希莉莎从变成鹰的海王嘴下逃出来。在童话故事《纤夫伊万》(《Иван-бурлак》) 中，伊万沉到水中，成功摆脱了敌人。

同时，水是水怪 (водяные)、人鱼 (русалки)、狗鱼 (щука)、青蛙王 (лягушка-квакушка)、虾王 (царь-рак)、斜齿鳊 (плотичка)、金鱼 (золотая рыбка) 等不洁力量居住的地方，是危险的来源，常具有破坏性。在童话《海王和聪明的瓦希莉莎》中，国王因口渴到湖中喝水时被海王抓住，为从海王手中逃出来，国王不得不答应把家里他不知道的东西，也就是在他外出期间出生的伊万王子送给海王；而在童话《白野鸭》（《Белая уточка》）中，公爵夫人被骗到泉水中洗澡时变成一只白野鸭，从此与自己的丈夫和三个孩子无法相认。

助力—障碍

在俄罗斯童话故事中，水既可协助故事主人公完成任务或是克服困难，同时也扮演着障碍物的角色。

在俄罗斯童话中，经常可以看到，水帮助主人公完成任务或是克服困难。在童话《老妖婆和小矮人》（《Баба-яга и Заморышек》）中，四十一匹来自大海的神马帮助老公公和老太婆的四十一个小矮人儿子在极短的时间内去到他们要去的地方，找到新娘子。

同时，水有时也为主人公的行动造成障碍。在童话故事中，我们经常可以看到"很深很深的河流（глубокая река）""很宽很宽的河流（широкая-широкая река）""大江大河（большая вода）"等水的形象，它们常常会阻碍主人公的行动，或是让主人公陷入犹豫或沉思中，思考下一步如何行动。比如在童话故事《青铜国、白银国和黄金国》中，出去寻找被妖怪掳走的母亲的伊万王子骑马到海边时，需要停止行进，勒马思忖下一步的行动；在童话《伊万·安吉奇和瓦希莉莎·瓦西里耶夫娜》（《Иван Агич и Василиса Васильевна》）中，瓦希莉莎的婆婆想加害瓦希莉莎，便将瓦希莉莎派到她的姐姐那里去，而在途中，水也成为一种障碍物：泉水哗哗作响，让她无法通过。

在童话故事中，水有时候是一种让人恐惧的自然现象，有时候则为人们提供帮助。在童话《阿廖努什卡姐姐和伊万努什卡弟弟》（《Сестрица Аленушка и братец Иванушка》）中，水作为一种神奇的物质，惩罚了不听话的弟弟——弟弟喝过水之后即刻变成一只山羊。在童话《贼天鹅》（《Гуси-лебеди》）中，小姑娘喝了作为水的具体体现的"牛奶河"中的牛奶之后，牛奶河用自己的河岸来保护小姑娘。

3）民俗文化中"水"观念原型涵义的二元对立

水在迷信、禁忌、节日传统、婚丧仪式等民俗文化中占有重要地位。在民俗文化中，水整体上也呈现出"神圣—邪恶"这一原型对立。通过对俄罗斯民俗文化进行分析，我们发现，这一原型对立可细化为"生—死""保护—破坏""助力—障碍""健康—疾病"等。

神圣—邪恶

在俄罗斯的民俗文化中，水是创世的基本原素之一，是生命之源，是神圣之物。在斯拉夫民族意识中，水是从事和水有关职业的人，如渔民、航海船员的保护神；用河水擦拭处在哺乳期的产妇的乳房，是希望她们的奶水像河流的河水一样多；为了使奶牛产更多的牛奶，人们会在濯足节或是圣诞节前夜用水桶装满水，浇到奶牛的身上。在尤里耶夫日，农民会将河水喷在蜂箱或者蜂巢里，因为他们认为这样做可以使"蜜蜂酿造的蜂蜜像水一样新鲜，蜜蜂则会像小溪中流动的水一样嗡叫"。姑娘和小伙子为了能更快出嫁和娶妻，常常向水求助："水流得如此快，希望我也能快快嫁人（娶妻）。"水的流向也是具有意义的——顺流通常和幸福相关。（Толстой，1995：388）

同时，水也具有邪恶的一面。水空间是阳间和阴司的分界线，是通往阴司的途径，是不洁力量和逝者灵魂的居住之处。在神话中，水滴或是喷溅出去的水和鬼神存在密切的关联。在斯拉夫传说中，彼得教小鬼造出自己的帮手的方法即为喝上一口水，然后喷到自己身后，掉下多少水滴，就会造出多少个小鬼。存放在家里的水则需要用盖子紧紧盖住，否则小鬼有可能会溜进去。在斯拉夫人的意识中，人死后，其魂灵会潜藏在水中。因此，禁止使用在人离世时放置在屋内的水。如果有人在挑水过程中遇到葬礼仪式，则必须倒掉水桶中的水，以避免死者的魂灵潜入水中。俄罗斯北方的传统看似不同，但实质上却是一样的：通常会在即将离世的人的旁边放上装有水的容器，在场的人会仔细观察容器，如果容器发生响动，则表示逝者的魂灵已经离开了身体并潜入水中。孕妇应避免踩到被别人撒到地上的水，以免对即将出生的婴儿不利；由于同样的原因，孕

妇被禁止靠近水井。（Толстой，1995：386—387）

健康—疾病

在民间，人们会将洗礼节后的圣水带回家，在家里保存上一年，认为水在一年内都不会变质，最有利健康、最具治疗效果，可保护家人不受不洁力量和疾病的侵扰。同时，在特定节日，如新年、濯足节、圣烛节、伊万·库帕拉节等节日获取的水具有神奇的治疗效果；特别是在伊万·库帕拉节这一天，人们会下河洗澡，有些地方还会将水泼洒在人的身上或是将水洒在庭院里，认为这样可以驱邪治病。在清晨太阳出现在地平线之前的水被称作"未饮之水（непитая вода）"，可用来给家人清洗身体、做饭。按照斯拉夫民间的传统，向水中投掷食物，水便可给人带来成功、健康，也能保证牲口快速生长，甚至能够带来未婚夫和牛奶。人们认为在流动的水中洗澡能够获得勇气和健康，东斯拉夫民族人民在表示祝福时，常常说"Будь здоров, как вода（希望康健如水）"。

同时水又是疾病的来源。斯拉夫民族认为很多疾病，如水肿（водянка）、痢疾（лихородка）、感冒（простуда）等疾病就缘起于水。因此，到河中或水井取水时，人们会在胸前画十字保护自己，保持沉默或是以尊敬、谦恭的态度对待河或水井；在夜间去取水是件极其让人恐惧的事情：若是必须去取水，他们通常会成群结队，并且要求全体成员完全保持沉默，且在返回的时候不允许四处张望，而且尽量避免使用刚刚从外面打回来的水，特别是为了给婴儿洗澡，需要等水在家里"过夜"之后才能使用。（Толстая，2002：80—82）

4.2.1.2 "火"观念原型涵义的二元对立体系

哲学家赫拉克利特认为火是万物之源。一方面，火燃烧带来的光和热使其成为生命之源；另一方面，火又具有破坏性。因为，哲学家表示，火无处不在——万物来源于火，万物生于火，同时万物毁于火。在斯拉夫文化中，人们对火的认知也具有双重性。尤·谢·斯捷潘诺夫在《俄罗斯文化常量词典》中指出，火最重要的特点在于：俄语中不只是存在一种火，而是两种火——"生命之火"和"死亡之火"；在斯拉夫人民的观念中，活火具有净化、驱除病疫的属性，是一种善良、友好的力量；而死火则与不洁力量相关，带来疾病和死亡。（Степанов，2004：295—296）此外，还存在自然之火和家园之火的对立。一方面，家火能够给人带来光明和温暖，被视为神圣之物；另一方面，在斯拉夫文化中，上帝撒向地面的熊熊燃烧的炭火或火苗则是上帝对俗世中有罪之人的惩罚。人们对火认知的矛盾性隐没在神话、童话、民俗文化的深层，我们对各种语言材料中的相关构成要素进行分析，将这种对立性呈现出来。

1）神话中"火"观念原型涵义的二元对立

在神话中，和火相关的神话形象主要有斯瓦洛格（Сварог）、斯瓦罗日奇（Сварожич）、火焰姑娘（Огневушка поскакушка）、火王（Царь-Огонь）、火蛇、蛇妖格雷内奇、火河（Огненная река）等。这些神话形象和与本身就是处在正反二元对立中的有关水的神话形象不同：正面的神话形象被赋予绝对的积极属性，如斯瓦洛格、斯瓦罗日奇和火焰姑娘；负面的神话形象则祸害人类，如火王、火蛇、蛇妖格雷内奇和火河。

斯瓦洛格是斯拉夫神话中的天火神，是罗特神使用圣火的火星子创造的。斯瓦洛格是一个创造者和辛勤的劳动者，是和平而智慧的天神。他力大无穷，使用铁锤作为工具，击退了为非作歹的蛇妖；然而，他所有的行为都只是为了在必要的时候保护罗特神，为了行善。斯瓦罗日奇是斯瓦洛格神的儿子，在斯拉夫神话中是地火之神。他也是绝对正面的形象。在斯拉夫神话中，他在寒冷和潮湿的季节给人类带来温暖、光明和希望。火焰姑娘则在寒冷的冬天为生活在原始森林中的人送去食物，帮人们度过寒冷的冬天，迎来春天。而与上述代表火的正面形象相对的是火王和火蛇。火王是代表火的破坏力量的神话形象。在神话故事中，火王伙同闪电女王杀死牲畜，给人类和牲畜带来疾疫，代表了斯拉夫人民对火消极方面的认知。火蛇是斯拉夫神话中的恶灵，是蛇妖的一个类型，总是化身为已经死去的丈夫和情人，引诱那些失去丈夫的寡妇或是失去爱人的年轻姑娘，造成她们的死亡。蛇妖格雷内奇是一个有三个、六个或是十二个头的怪物，他总是要求人们给他献祭，攫取大量的财富，抢走年轻的女子，特别是公主和皇后，并以放火烧毁国家来威胁国王，完全被赋予凶手的特质。斯拉夫创世神话中的火河则是蛇或大鱼之类妖物的寄居之地；当这些妖物摆动时，火河四处流溢，带来世界末日；同时，米哈伊尔天使跨过这条火河就可将逝者的灵魂运送到阴司去。（Толстой，2005：513）

2）童话故事中"火"观念原型涵义的二元对立

在童话故事中也常常会出现火的形象。根据火在童话故事情节发展中的作用，我们可以探寻童话故事中所体现的"火"原型涵义的二元对立性。

斯拉夫民族对火认知上的二律背反性在童话故事中体现为：火可在必要的时候帮助故事主人公、拯救主人公的性命，亦可成为邪恶力量的工具、给故事的主人公带来伤害。在童话故事《拇指孩儿》（«Мальчик-с-пальчик»）中，老太婆把不小心切下的小拇指扔到灶后面，小拇指才得以变成拇指孩儿。在童话《金山》（«Золотая гора»）中，商人的儿子拿出燧石，相互对撞，撞出的火星就变成两个具有神奇力量的少年，帮助商人的儿子从金山上逃下来。在童话《僵尸的故事》（«Рассказы о мертвецах»）中，两个死去的小伙子闻到尸衣下摆在炭火上烤出的烟味即复活过来。特别需要注意的是，作为"家火"具体形式的火炉，在俄罗斯童话故事中总是体现火的正面属性——在童话故事中，火炉总是善良的、仁慈的。譬如在童话《贼天鹅》中，火炉为寻找被贼天鹅偷走的弟弟的姐姐提供燕麦面包，并把小姑娘藏在自己的炉口，躲过了贼天鹅。相反，在童话故事《伊万·贝柯维奇》（«Иван Быкович»）中，蛇妖的头被砍下来后，用它的火手指一抹，头又重新长上去了，就像什么都没发生一样，继续与主人公伊万·贝柯维奇战斗。在童话《雪姑娘》（«Снегурочка»）中，火则直接杀死了漂亮的雪姑娘。在童话《伊万王子和灰狼》（«Иван Царевич и серый волк»）中，火河划分出象征死亡的"遥远的国度（Тридесятое царство）"和故事主人公所在的国度，而主人公为了活下来，必须骑上神马越过火河中的熊熊火焰。

综上所述，在俄罗斯童话故事中，火被赋予双重性质：一方面，火给人带来光明和温暖，赋予人生命，同时也具有净化作用，能惩恶扬善，帮助故事主人公克服困难；另一方面，火是生与死的界限，可以摧毁任何事物，带来死亡。

3）民俗文化中"火"观念原型涵义的二元对立

在俄罗斯民族的仪式、迷信、禁忌、节日传统和婚丧仪式中，火是一个非常重要的原素。作为一个极其矛盾的基本原素，火的象征具有双重性：一方面，火是一种带来死亡和毁灭的自然原素，另一方面，火带来光和热，是生命之源。人们对火基本认知的矛盾性渗透到人们的日常生活中，在和人们的生活密切相关的仪式、迷信、禁忌、婚丧仪式中得到体现和细化。

神圣—邪恶

火在斯拉夫文化中，也同水一样具有双重性，表现为"神圣—邪恶"这一原型对立。一方面，家火能够给人带来光明和温暖，被视为神圣之物，给人带来温暖和食物的同时，还能为人类驱邪避祸。家火被赋予生命力，需要及时为其提供食物，以使其能够驯服于人类；为了使火吃饱喝足，古斯拉夫人夜间会在炉子上放置装满水的罐子，并在夜间熄灭壁炉，使家火能够休息。对家火，古斯拉夫人民持有一种尊敬的态度。譬如在沃洛格达地区，人们在熄灭炉火时，通常会轻声呼唤："Спи, батюшка огонек!（睡吧，火老爷!）"（Толстая，2002：337）此外，根据俄罗斯民族传统，家火自古以来就与自己的祖先、已经离世的亲人联系在一起——炉火近旁即为家神、家庭的保护神及祖先魂魄所在的位置（Толстая，2002：385）。在古罗斯，族人的会议也是在火边举行；年轻人在离开父母自立门户时，一定会从父母家中炉子内取一些燃着的炭块，以维持亲人之间的联系。在古罗斯，新娘子在出嫁之前，一定需要事先与家里燃着火的壁炉告别；同时，新郎也需要在家门前使用火来迎接新娘子。若炉眼中的火熄灭，则预示着会出现各种灾难，甚至是家族的灭亡。若是某人用水浇灭了别人家里的火，这将被视为不可调和的敌对态度的表现。如果出发去远方，古罗斯人不仅会带上一撮土，还会带上一小把炉灰。另一方面，火又是一种邪恶之物。若是对火不敬，火能够带来惩罚,招致疾病。因此,俄罗斯民间认为不能用脚去踩灭火,也不能朝火吐痰,否则,火会因此而惩罚人,使人口舌生疮;孕妇也被禁止围观火灾,否则,新生儿身上可能会长胎记(Толстая,2002:110)。

生—死

火的这一原型对立主要体现在火作为阴阳两界的界限这一点。关于火的分界性功能,在俄罗斯的民俗文化中有诸多的体现。在古斯拉夫时期即存在火葬逝者的习俗,认为火能将逝者的灵魂带到另一个世界。而这种丧葬仪式换了一种形式,得以流传下来。在俄罗斯南部地区,如沃罗涅日、库尔斯克、奥廖尔及坦波夫地区,在如圣诞节、新年或主显节之类的特定节日里,人们会在房子附近的院子点燃篝火,可允许所有的亲人甚至是陌生人在场,因为他们认为逝去的亲人可以在这篝火旁取暖,逝去的亲人虽然不可见,但这些逝者可以和他们一起围站在篝火旁边。

特别需要指出的是,火的这种界限意义在与火密切相关的火炉这一形象上得到了鲜明的体现。根据俄罗斯人的信仰,火炉的烟囱是异己的、未知空间的通道;不洁力量正是通过烟囱带来疾病和危险。遇到打雷天气时,需要关闭烟囱,目的是防止鬼怪等不洁力量进入家里。如果家里有人出远门,通常会使用炉门盖住烟囱,以避免出门在外的家人出现不顺利的事情。在俄罗斯民间,为了克服对逝者的恐惧和思念,在葬礼结束后,通常会看一看火炉,这样做的寓意在于看一眼有别于人间的阴司,以释放所有负面的情绪。

健康—疾病

在斯拉夫的许多仪式和礼仪中,火能够吞噬、摧毁人的生命,同时也能使人重生,给人带来青春和健康。比如,在晚上洗澡时,人们会从篝火上方跨过去,认为这样做可以保证在一整年内保护人不遭受各种疾病的侵袭。如果家里的新生婴儿暂未受洗,则必须在家中一直点燃烛火;在婴儿出生后的四十天必须一直点燃蜡烛,以护佑产妇和婴儿,使他们能够保持健康。(Толстая,2002:386)

与此相对的是,火还能带来疾病。在俄语中还存在"内火

（внутренний огонь）"一说。内火用于保证人体内的热量，然而，内火的过剩则会招致疾病——在俄语中，寒热病（лихорадка）又被称作"火病（огневица, огненная）"。火病常被称为寒热病的十二姐妹之一，在有些地方则直接称其为"火（огонь）"。在俄罗斯的民间生产仪式中，孕妇在生产之前被禁止吹火，否则婴儿会不健康。（Толстой，2005：516）

综上所述，"水"和"火"观念内部原型涵义的对立体可以渗透到多个方面：神圣—邪恶、生—死、保护—破坏、助力—障碍、健康—疾病，是一种强二元对立。而这种强二元对立与"水"和"火"隐喻模式所呈现的强二元对立性是相对应的。

4.2.2 "空气"和"土地"观念内部的原型涵义的弱二元对立

在斯拉夫文化中，作为世界万物构成基本原素的水、火、空气、土地是一种非对称状态，水和火的重要性要高于空气和土地。关于这一点，"水""火""空气""土地"与"人"观念域隐喻互动所产生的隐喻模式数量给出了一定解释。相较"水"和"火"，"空气"和"土地"观念内部的原型涵义呈现为一种弱二元对立。因此，我们可以看出，在"空气"和"土地"的隐喻模式中的对立性方面，并无显性对立的隐喻模型，只是出现了隐喻模式的隐性对立。

4.2.2.1 "空气"观念原型涵义的二元对立体系

在斯拉夫文化中，空气是四个基本原素中唯一一个主要被赋予消极属性的单位。在罗斯受洗后，空气被赋予了新的积极属性——空气不再仅为鬼怪和不洁力量的居所，同时也能接纳人类灵魂。在这种神话性认识的基础上，"空气"观念涵义空间也体现出一定的二元对立性。

1）神话中"空气"观念原型涵义的二元对立

在斯拉夫神话中，和空气相关的神祇为斯特里伯格（Стрибог）和波斯韦斯特（Посвист）。斯特里伯格神掌控空气、风、骤风、暴风雪。他有极其善良的一面，也有邪恶的一面。当他发怒时，会吹响号角，造成暴风、飓风等灾难；当他表现出善良的一面时，会轻轻吹动树叶，拂动溪流，吹动树皮飒飒作响，从而使大自然的声音中产生音乐和歌曲，乃至乐器的诞生。因而，斯拉夫民族会祭拜斯特里伯格神，希望他停止发怒，平息暴风带来的灾难；而在少数情况下，人们也会向他寻求帮助，譬如猎人们在寻找灵敏且胆小的野兽时，就会向斯特里伯格神求助。

波斯韦斯特是斯特里伯格神的众多儿子之一，是掌管大风、寒冷北风和风暴的神，他右手拿着象征风调雨顺、丰饶的号角，左手拿着会导致干旱歉收的号角。有时候，波斯韦斯特是一个令人恐惧的、恶劣天气的神祇，具有苍老、阴郁的外形和好争斗的脾性，常与索洛维伊强盗联系在一起，代表风所具有的破坏性力量；而有时候，波斯韦斯特在神话故事中转化为脸色红润、脾气温和的善良的年轻人，赐给人类好天气，将受他控制的坏天气转变成好天气，并驯服恶劣天气现象。

2）童话故事中"空气"观念原型涵义的二元对立

在俄罗斯童话中，我们也能看到"空气"观念原型涵义的二元对立性。作为空气的一种形象，旋风在童话中总是具有危险性，将童话故事的主人公送到一个未知的、危险的新环境。譬如在童话故事《中了魔法的公主》（«Заколдованная царевна»）中，公主不满自己的丈夫贪睡，诅咒他被大风刮到天涯海角去；瞬间，一股旋风呼啸而过，公主的丈夫即被旋风席卷而去。在童话《金辫子的瓦希莉莎和豌豆伊万》（«О Василисе золотой косе, непокрытой красе и Иване-Горохе»）中，久居闺阁的瓦希莉莎公主第一次从高高的木楼上来到院子里玩耍时，狂风骤起，瓦希莉莎公主霎时间被卷上天，被蛇妖掳走。

与此对立的是，空气成为信息的载体或是主人公快速移动的工具，帮助主人公脱离险境或是完成任务。同样是在童话故事《中了魔法的公主》中，白发巫婆召集到了各路大风，让它们告知公主所在的位置；而后，又让南风把士兵快速送到囚禁公主的王国。在童话《没手的姑娘》(《Безручка》)中,姐姐被弟弟砍掉了双手、驱逐出家门后,无家可归,在荒野中游荡,而看不见的风梳理好了她的头发,让她变得异常地美丽可爱,以至庄园主的儿子对她一见钟情。在童话故事《青蛙公主》(《Царевна-лягушка》)中,嫁给小王子的青蛙公主将麻布切成小块扔到窗外,风便将小块麻布编织成国王可以穿的衬衫,顺利帮助她通过了国王和两个大王子的刁难。

3)民俗文化中"空气"观念原型涵义的二元对立

"空气"观念涵义空间中原型涵义的二元对立在俄罗斯民族的仪式、迷信、禁忌、节日传统和婚丧仪式等民俗文化中也得到了体现。空气一方面是邪恶的,与疾病、死亡、鬼怪密切相关;另一方面它又是神圣的,能够承载人的灵魂,驱除疾病,给人提供庇护。

神圣—邪恶

"空气"观念原型涵义中的"邪恶性"在空气及作为空气体现形式的风、旋风这两个形象中都有体现。在古斯拉夫民族的思想观念中,空气首先被视为使人中邪的不洁力量或传播疾病的媒介物。在一些特殊的时刻,如在没有月亮的时刻,空气尤为危险。因此,如果此时人位于室外,则必须脸朝下卧倒在地,以避免吸入空气。空气也被视为总是试图给人带来各种麻烦事的鬼怪的居所。在建房子的时候,人们习惯将未安装屋盖的墙框放置一段时间,以便躲藏在空气中的不洁力量能够随着空气从房间中出来。在空气中游荡的鬼怪会停歇在人的左肩上,而东正教中的保护天使则位于人的右肩。因此,俄罗斯人在遇到不吉利的事情时,会朝左肩吐三口唾沫,认为可以通过这种方式驱赶空气中的恶鬼。同时,在俄罗斯民族的丧葬仪式中,幽灵能够化身为一阵白色烟气在人间游荡,寻找可以附体的人,极其危险;在这种情况下,为躲避幽灵,应该逆风奔跑或是迎着风举起贴身佩戴的十字架或白色的头巾,驱走藏在风中的幽灵。另外,俄罗斯人还迷信,在急速旋转的旋风中魔鬼和女妖在跳舞和狂欢,诱惑人,招致人的死亡。(Капица,2011:35—36)

而"空气"观念原型涵义中的"神圣性"主要是通过空气及作为空气体现形式的风形象体现。在罗斯受洗后,古斯拉夫人改变了对空气的看法——空气不仅为鬼怪和不洁力量的居所，同时也能接纳人类灵魂：人离开人世后，人的灵魂离开人的肉身，并在人离世之日起的四十天内停留在空气中，而后升到天堂，由上帝决定其命运。故根据俄罗斯的丧葬习俗，在亲人离世四十天后需要举行葬后宴。因"воздух"与"дух"和"душа"的同源性，古斯拉夫人认为空气和人的生命息息相关。在古代，人们认为通过向濒死之人口中吹气，可以拯救人的生命。同样，风也有神圣的一面：斯拉夫人甚至对风进行了划分，将对生产生活有益的风称为"圣风（добрые ветры）"，在特定的时间和场合需要用面包、面粉、麦粒、肉等进行祭拜。（Толстой，1995：258—259）

"风"观念原型涵义中的"神圣—邪恶"对立在俄罗斯民俗文化中得到细化后，又可表现出"助力—障碍"的对立。

助力—障碍

在阿尔汉格尔斯克，坐帆船出海的水手总是向空气寻求帮助，希望风能保护他们出海顺利，顺风顺水："Святой воздух! Помоги нам!（神圣的空气啊，请您帮帮我们！）"（Толстой，1995：158）因为风能够帮助农民干燥谷物、驱动风磨运转、为水手和渔民提供保护，古斯拉夫民族有召唤风的传统。譬如在阿尔汉格尔斯克，为了使船只靠岸，妇女会在傍晚到海边祈求北风；而正在出海的水手常会将面包撒到水中并向圣尼古拉请求刮顺风；在喀山，为干燥谷物，老太太会朝着希望来风的方向吹气或是招手，希望能招来风。在发生灾难和不幸时，人们也会向风求助，《伊戈尔远征记》（«Слово о полку Игореве»）中雅罗斯拉夫娜在大公被俘后的哭诉就是最明显的证据。（Толстой，1995：259）

而空气的破坏、阻碍作用相对更加明显。除去空气能作为鬼怪和不洁力量的媒介物给人类带来危险可被视为阻碍之外，空气对人类行动的阻碍和破坏作用在民俗文化中还有更多的体现，其中最典型的就是破坏人甚至是动物的健康，传播病疫。譬如，在阿尔汉格尔斯克，民间认为新娘在说媒之前不能吹风，否则会患病；在进入病人房间时，用尽全身的力量吹一口气，以避免自己被病人的"气"

"逮住"而生病；为了不让风传播疾病，俄罗斯民间会将病人或逝者躺过的稻草埋到土中；同时还禁止将婴儿的襁褓晾晒在风中，否则风有可能损害婴儿的思维能力和记忆能力；西伯利亚人认为东北风甚至对动物不利。（Капица，2011：27）

4.2.2.2 "土地"观念原型涵义的二元对立体系

与"空气"观念相反，在俄罗斯文化中，"土地"涵义空间中积极的方面占据着主导地位。

1）神话中"土地"观念原型涵义的二元对立

在俄罗斯文化中存在大量与土地这一基本原素相关的神话形象，如树妖（Леший）、田野神（Полевик）、土地母神（Мать Сыра-Земля）、特里戈拉女神（Тригла）、地鬼维伊（Вий）、不死的卡谢伊（Кащей Бессмертный）等。这些神话形象有的是控制地下王国的鬼怪，有的是掌管地上世界的神祇；有的绝对善良（如福泽万物的土地母神、特里戈拉女神），有的邪恶（如拥有死亡之眼的地鬼维伊、贪婪凶残的卡谢伊）。在这个两个层面上已经形成了一种对立。

2）童话中"土地"观念原型涵义的二元对立

黏土、土、灰尘在童话中，通常使人的眼睛瞎掉，故而失去与外部世界的联系，形同死亡。在童话《砂锅匠》（«Горшечник»）中，妖精发现主人监工，抓起一把黏土掷向主人，击中了主人的一只眼睛，这只眼睛就瞎掉了。同时，土也经常成为刁难故事中善良主人公的一种工具，成为主人公行动的障碍。在《漂亮的瓦希莉莎》（«Василиса Прекрасная»）中，泥土被掺杂在粮食（谷物）中，阻碍瓦希莉莎公主完成恶毒的后母所布置的任务。在童话《伊万·贝柯维奇》中，牛的儿子伊万·贝柯维奇遭受蛇妖的袭击，湿土逐渐没过他的膝盖、腰部和肩膀；一旦全部陷入湿土中，伊万·贝柯维奇则即将失去自己的生命。

除了上述消极的、破坏性的一面，土在童话中还体现出积极的、具有保护性的一面。在多个童话故事中，土往往是各种因受到诅咒或被施魔法而变成怪物的人重新变回人形的媒介，换句话说是非人成为人的媒介。在童话《绝招》(《Хитрая наука》)中,在外学艺的儿子变成小鸟回家探望父母,撞到屋基的土墩,得以恢复成少年;在童话《伊万王子、火鸟和大灰狼的故事》(《Сказка об Иване-царевиче, жар-птице и о сером волке》)中,大灰狼在湿地上打个滚,就变成了公主伊莲娜的样子;在童话《到不知在哪儿的地方去,取不知是什么的东西来》(《Пойди туда – не знаю куда, принеси то – не знаю что》)中,斑鸠落地后,立即开始讲话,而国王安德烈用右手打了斑鸠一巴掌,斑鸠跌落在地,眨眼间竟变作美丽的玛丽亚公主。

3)民俗文化中"土地"观念原型涵义的二元对立

在俄罗斯民俗文化中,"土地"观念的原型涵义的二元对立体现为"神圣—邪恶"的对立。

土地作为人类所掌握空间和鬼神空间的界限,是邪恶之源。因此,在斯拉夫文化中,在某些场合中甚至禁止接触土地。克拉斯诺达尔的居民认为,将取自坟墓的土撒在新婚夫妇的床上,则他们一定会吵架。在进行某些行为时,如果触碰到土地,也会招致危险。未婚夫在理发时,其头发不能直接掉落到地上,否则这会使其失去男子气概;在为婴儿洗礼时,盛放用来洗礼的圣水的容器需要用手传递给牧师,并且不能放在地上,否则婴儿不能健康成长。

与此同时,土地被赋予更多正面的特征,被视为一种神圣的存在,被人化,是女性、是母亲。在所有斯拉夫民族的观念中,土地在冬天会进入沉睡中(засыпала)或是死去(умирала),并在来年春天苏醒过来(пробуждалась)或是复活过来(воскресала),会怀孕(беременела)、生产(рожала),在灾难面前会发出呻吟(стонала)和哭泣(плакала),同时也会因为人类的罪过而发怒(гневалась)。在俄罗斯波舍霍尼耶地区,农民在田间进餐时,会抓一把土来清理在劳作过程中弄脏的手(Толстая,2002:180—182),因为他们不会认为沾上泥土的手是脏的,理由是土地是神圣的。根据俄罗斯传统,在出发去到一个陌生的地方时,俄罗斯人会带上一小撮土,因为安葬自己祖先和已故亲人的土地是神圣的,具有保护作用,能避免不幸的事情发生。在俄罗斯民俗文化中，土地还被视为最高权威和公平正义。在诸多民间法律纠纷中，土地被视为见证者。譬如，俄罗斯人在解决地界纷争时，会取一小块土或是草根土放在头上，沿着地界走动，以宣示自己对这块土地的所有权；根据这种方法确定的田地边界则被视为是不可违反的；而根据民间的迷信，在这种情况下耍滑头撒谎的人一定会越来越憔悴并最后走向死亡。在沃洛格达地区，农民在处理土地争端时，也采取类似的方法：取些土含在嘴里或是放些土在头上、背上或是怀里，同时发誓"Пущай эта земля задавит меня, если я пойду неладно（如果我做得不对，那就让这块土压死我吧）"——这种做法完全可以用来终止争端。在喀山地区，在捍卫自己对某片草场的所有权时，所有者会取一块草根土放在头顶上，并发誓如果说谎，"пусть сама мать-сыра земля прикроет его навеки（就让大地母亲将其永远埋藏地下）"。如果在发誓的时候手里抓着土或是口里含着或吃掉一小块土，那发誓者的誓言会得到其他人的极大信任。俄罗斯人在发誓时，最常用的誓言就是："Чтобы мне землю есть, если совру（我如果撒谎的话，就让我吃土吧）""Правду говорю – землю съем!（我说的是实话，因为我会吃掉土！）"对于并未履行结婚手续同居的"夫妻"，他们的亲人会强迫"妻子"和"丈夫"啃一块土，以表示他们今生今世会忠于对方。同时，犯错需要寻求原谅的人也会采取类似的做法。在俄罗斯民间，若是儿子犯错需要寻求母亲的原谅，则他必须吃掉一小块土，因为母亲认为："Коли не съешь, говорила мать, – меня, значит, не почтишь…（如果你不吃土，说明你不尊敬我……）"（Толстой，1999：318）土地还有驱除疾疫和净化的功能。在俄罗斯的传统医学中，认为使病人穿过特制的土洞或是用土将病人掩盖至脖子的位置可以治疗特定的疾病；同时也常常使用田鼠洞、蚂蚁洞旁边的土来给病人治病——将土敷在患病处，或是用来擦拭胸膛，或是化入水中让患者喝掉。如果遇到突发性疾病，或是意外受伤、碰伤，则受伤的人会被带到受伤的地方，请求土地的原谅："Прости, матушка сырая земля, раба Божия такого-то!（土地母神，请您原谅您那忠实的奴仆!)"在沃罗涅日地区,如果是背部或是腰部疼痛,患者会向土地跪拜,并念道:"Прости меня, матушка земля, в чем я согрешил!(土地母神,如果我犯下罪孽,请您原谅!)"同样,家畜在生病时,也会采取类似的措施。(Толстой,1999:320—321)

本章小结

在本章中,我们借助神话、童话、词源及包括成语、谚语、俗语在内的语言事实材料对"基本原素"与"人"观念域的隐喻互动所生成的隐喻模式进行文化寻根。这种文化寻根从两个方面入手:就隐喻模式的内容层面,我们通过寻找"基本原素"观念域中基础观念"水""火""空气""土地"的原型涵义对对应的隐喻模式的生成进行解释;就隐喻模式所呈现的对立性,我们试图通过相应观念涵义空间原型涵义的二律背反性予以说明。

结　论

在俄语语言文化研究领域中单个观念研究由"井喷式"发展走向式微的背景下，我们从单个观念分析转向观念的整合性分析，试图对俄语语言文化中的"基本原素"观念域进行探讨。在古代神话和哲学中，水、火、空气、土地既被斯拉夫人视为创世的基本原素，同时也是人类赖以生存的基础。在俄罗斯人民的语言认知活动中，它们是如何进入俄罗斯民族的语言意识的？在俄罗斯民族心智中占据何种地位？在人类中心主义范式下，人是一切的度量，同时一切事物也都被用来度量人，因此，我们选取"基本原素"观念域与"人"观念域的隐喻互动作为切入点。

隐喻作为一种普遍的认知机制及在该机制作用下生成的结果，在参与语言世界图景构建、通过隐喻模式在人的意识中重构我们所生活世界的过程中规定文化的同时，又受到语言和文化的规定，因此，隐喻被纳入语言文化学研究中，获得与语言文化学中以知识、概念、观念等为单位的认知子系统相等的地位，使用认知子系统中的观念作为其认知操作单位，使得语言的单位成为文化单位，为我们通过语言了解民族文化提供有效的途径。因此，通过隐喻，语言中作为语词"стихия"下义位词的"вода""огонь""земля""воздух"从一个语言单位变成载蓄民族文化、民族心智特征的文化单位。而借助语言材料对作为"基本原素"观念域与"人"观念域隐喻投射结果的隐喻模式进行提取，实际上是对隐喻化过程的物化；继而借助语言材料对隐喻模式的内容、对立性特征进行文化寻根，则使已经成为观念的"вода""огонь""земля""воздух"四个词语所载蓄的文化涵义显露出来。

　　确定分析的切入点后，我们对"基本原素"观念域与"人"观念域进行了初步构建，并借助俄罗斯国家语料库中的语料信息，整理出了"基本原素"观念域与"人"观念域隐喻投射的32个隐喻模式（水→眼睛、水→头发、水→女人、水→爱情、水→忧伤、水→思维/想法、水→言语、水→话语、水→生命、水→命运、水→死亡、水→时间、火→眼睛、火→男人、火→财富、火→宝石、火→仇恨、火→友谊、火→爱情、火→激情、火→愤怒、火→嫉妒、火→凶恶、火→思维/想法、火→生命、火→死亡、空气→灵魂/心灵、空气→自由、空气→轻浮、土地→母亲、土地→家园、土地→灵魂/心灵），并利用神话，童话，包括礼仪、迷信、禁忌、仪式等在内的民俗文化材料，成语、谚语，词源，发掘出构成"基本原素"观念域的基础观念"水""火""空气""土地"的原型涵义12个，对上述隐喻模式的生成具有一定的文化阐释作用。至于"基本原素"观念域内基础观念"水""火""空气""土地"与"人"观念域隐喻投射产生的隐喻模式的对立性（如"水→生命"和"水→死亡"），"水""火""空气""土地"观念涵义空间的原型涵义对立可做出一定解释。

　　在分析的过程中，我们发现：第一，"基本原素"观念域内基础观念"水""火""空气""土地"在向"人"观念域内各个框架区域（包括人的物理性、人的社会性、人的情感性、人的心智性及人的存在性五个区域）进行隐喻投射的过程中，具有各自的趋向性，譬如"水"在向人的存在性框架区域进行隐喻投射时，具有较多能产性的隐喻模式，而"火"的投射则主要集中在人的情感性框架区域。第二，在俄罗斯民族文化和民族语言意识中，作为创世基本原素的水、火、空气、土地，呈现出非对称性，水和火相较空气和土地，所载蓄的文化涵义更为丰富，且"水"和"火"观念涵义空间的原型涵义呈现出强二元对立，"空气"和"土地"观念涵义空间的原型涵义则呈现出弱二元对立。这同它们与向"人"观念域进行隐喻投射时所形成隐喻模式的对立性也是相对应的——在"水"和"火"观念向"人"观念域进行隐喻投射时，我们能看到显性对立隐喻模式，如"水→生命"与"水→死亡"、"火→仇恨"与"火→友谊"；而在

"空气"和"土地"观念向"人"观念域进行隐喻投射时则未见这种显性对立，对立主要体现在更宏观的层面上。

在得到以上研究结果的同时，本研究还存在需要改进的地方：第一，本研究中的术语众多，对观念域的构建，我们主要还是借助词汇语义场从其核心区入手，且表征观念的语言手段数量众多，我们尚未做到穷尽研究；第二，相较于"水"和"火"，"空气"和"土地"与"人"隐喻投射过程中生成的隐喻模式数量较少，在后期的研究中我们会不断通过语料搜集进行添加；第三，"基本原素"观念域内部不同区域向"人"观念域隐喻投射生成的隐喻模式也存在对立的关系，如"水→女人"与"火→男人"，这种对立应得到研究，这也是我们在以后的研究中应完善的地方；第四，本研究的隐喻模式系根据不同时期的语言材料提取，而原型涵义则主要根据形成时间较早的神话、童话、词源、成语、谚语而发掘，考虑到语言的历时变化性，原型涵义难免不能覆盖所有的隐喻模式，加之涉及的语料、概念复杂，许多论述还需推敲，这也是我们以后努力的方向。

参考文献

[1] Lakoff, Johnson. Metaphors We Live By [M]. Chicago and London: The University of Chicago Press, 1980.

[2] Ning Yu. Metaphor, Body and Culture: The Chinese Understanding of Gallbladder and Courage [J]. *Metaphor and Symbol*, 2003, 18 (1): 13-31.

[3] Fauconnier G. Mappings in Thought and Language [M]. Cambridge: Cambridge University Press, 1997.

[4] Абрамов Н. Словарь русских синонимов и сходных по смыслу выражений [K]. М.: Русские словари, 1999.

[5] Алефиренко Н.Ф. «Живое» слово: Проблемы функциональной лексикологии [M]. М.: Флинта: Наука, 2009.

[6] Анисов Л.М. Славянская мифология. Энциклопедический словарь[K]. М.: Эллис Лак, 1995.

[7] Апресян Ю.Д. Идеи и методы современной структурной лингвистики (краткий очерк) [M]. М.: Просвещение, 1966.

[8] Апресян Ю.Д. Новый объяснительный словарь синонимов русского языка. 2-е изд., испр. и доп. [M]. М.: Школа «Языки славянской культуры», 2003.

[9] Аристова Т.С., Ковшова М.Л., Рысева Е.А., Телия В.Н., Черкасова И.Н. Словарь образных выражений русского языка [K]. М.: ОТЕЧЕСТВО, 1995.

[10] Арутюнова Н.Д., Левонтина И. Б. Логический анализ языка. Образ человека в культуре и языке [M]. М.: Индрик, 1999а.

[11] Арутюнова Н.Д. Язык и мир человека. 2-е изд., испр. [M]. М.: Языки русской культуры, 1999b.

[12] Аскольдов-Алекссев С.А. Концепт и слово [C] // Русская речь. Новая серия. Вып. 2. Л., 1928: 28-44.

[13] Асов А.И. Славянские боги и рождение Руси [M]. М.: Вече, 2000.

[14] Афанасьев А.Н. Народные русские сказки. Том 1 [M]. М.: Наука, 1984.

[15] Афанасьев А.Н. Народные русские сказки. Том 2 [M]. М.: Наука, 1985a.

[16] Афанасьев А.Н. Народные русские сказки. Том 3 [M]. М.: Наука, 1985b.

[17] Афанасьев А.Н. Поэтические зрения славян на природу: Опыт сравнительного изучения славянских преданий и верований в связи с мифическими сказаниями других родственных народов. В трех томах [M]. М.: Современный писатель, 1995. (Электронная версия).

[18] Бабушкин А.П. Типы концептов в лексико-фразеологической семантике [M]. Воронеж: ВорГУ, 1996.

[19] Блэк М. Метафора [C] // Арутюнова Н.Д., Журинска М.А. Теория метафоры /Пер. с англ., фр., нем., исп., польск. яз.; Вступ.ст.и сост. Н.Д.Арутюновой. М.: Прогресс, 1990: 153-172.

[20] Большакова А. Ю. АРХЕТИП - КОНЦЕПТ - КУЛЬТУРА [J]. *Вопросы философии.* 2010 (7): 47-57.

[21] Брудный А.А. Психологическая герменевтика: учебное пособие [M]. М.: Лабиринт, 1998.

[22] Валентин Рич. Приключения словес: лингвистические фантазии [M]. М.: Время, 2012.

[23] Вежбицкая А. Язык. Культура. Познание [M]. М.: Русские

словари, 1996.

[24] Винокур Г.О. Избранные работы по русскому языку [M]. М.: Государственное учебно-педагогическое издательство Министерства просвещения РСФСР, 1959.

[25] Воркачев С.Г. Лингвокультурология, языковая личность, концепт: становление антропоцентрической парадигмы в языкознании [J]. *Филологические науки,* 2001 (1): 64-72.

[26] Воркачев С.Г. Счастье как лингвокультурный концепт [M]. М.: Гнозис, 2004.

[27] Гак В.Г. Метафора: универсальное и специфическое [C] // Телия В.Н. Метафора в языке и тексте. АН СССР, Институт языкознания. М.: Наука, 1988: 11-66.

[28] Галдин А.В. Концепт ВОДА как полевая структура и способы его выражения в русском языке: дис. ... доктора филол. наук [D]. Пятигорск, 2006.

[29] Геляева А. И. Человек как объект номинации в языковой картине мира: дис. ... доктора филол. наук [D]. Нальчик, 2002.

[30] Даль В.И. Толковый словарь живого великорусского языка [K]. М.: Рипол классик, 2006.

[31] Дзюба Е.В. Когнитивная лингвистика (Текст): учебное пособие для высших учебных заведений [M]. Урал. Гос. Пед. Ун-т. Екатеринбург: (б.и.), 2018.

[32] Евсюкова Т.В., Бутенко Е.Ю. Лингвокультурология [M]. М.: Флинта: Наука, 2014.

[33] Ефимович Ю.Е. Метафор в аспекте лингвокультурогии: дис. ... доктора филол. наук [D]. Санкт-Петербург, 2012.

[34] Залевская А.А. Психолингвистический подход к проблеме концепта [C] // Стернина И.А. Методологические проблемы когнитивной лингвистики. Воронеж: ВорГУ, 2001: 36-46.

[35] Землякова Н.В. Устойчивые образные номинации человека: дис. ... канд. филол. наук [D]. Краснодар, 2004.

[36] Зыкова И.В. Метаязык лингвокультурологии: константы и варианты [M]. М.: Гнозис, 2017.

[37] Ибрагимовна Г.А. Человек как объект номинации в языковой картине мира: дис. ... доктора филол. наук [D]. Нальчик, 2002.

[38] Илюхина Н.А. Метафорический образ в семасиологической интерпретации [M]. М.: Флинта, 2010.

[39] Кабакова С.В. Механизмы культурной интерпретации образного основания идиом: Результаты направленного ассоциативного эксперимента [C] // Телия В.Н. Культурные слои во фразеологизмах и дискурсивных практиках. М.: Языки славянской культуры, 2004: 77-85.

[40] Капица Ф.С. Славянские традиционные верования, праздники и ритуалы. Справочник. 8-е издание, стереотипное [M]. М.: Флинта, 2011.

[41] Карасик В.И. Языковой круг: личность, концепты, дискурс [M]. М.:Гнозис, 2004.

[42] Караулов Ю.Н. Общая и русская идеография [M]. М.: Наука, 1976.

[43] Караулов Ю.Н. Лингвистическое конструирование и тезаурус русского языка [M]. М.: Наука, 1981.

[44] Караулов Ю.Н. Русский язык: энциклопедия. 2-е изд., перераб. и доп. [K]. М.: Большая Российская энциклопедия; Дрофа, 1997.

[45] Колесов В.В. Язык и ментальность [M]. СПб.: Петербургское Востоковедение, 2004.

[46] Королев К.М. Энциклопедия символов, знаков, эмблем [M]. М.: МИДГАДР, 2005.

[47] Котин М.Л. «Царство»: от локального к трансцендентному (история переосмысления в древнегерманских христианских памятниках) [C] // Арутюнова Н.Д., Левонтина Н.Б. Логический анализ языка. Языки пространств. М.: Языки русской культуры, 2000: 329-337.

[48] Кошарная С.А. Лингвокультурологическая реконструкция мифологического комплекса «человек-природа» в русской языковой картине мира: дис. ... доктора филол. наук [D]. Белгород, 2003.

[49] Красных В.В. Словарь и грамматика лингвокультурологии [M]. М.: Гнозис, 2016.

[50] Кубрякова Е.С. и др. Краткий словарь когнитивных терминов [M]. М.: Филол. ф-т МГУ им. М. В. Ломоносова, 1997.

[51] Лагута О.Н. Метафорология: теоретические аспекты [M]. Новосиб. гос. ун-т. Новосибирск: Изд-во НГУ, 2003.

[52] Ливенец И.С. Концепт ВОЗДУХ в лингвокультурологическом аспекте: дис. ... доктора филол. наук [D]. Белгород, 2007.

[53] Лихачев Д.С. Концептосфера русского языка [J]. Известия РАН. Сер. лит. яз. М., 1993, 52 (1): 3-9.

[54] Лосев А.Ф. Стойхейон. Древнейшая история термина. -"Статьи и исследования по русскому языку и языкознанию" [M]. М., 1971.

[55] Ляпин С.Х. Концептология: к становлению подхода [C] // Воркачев С.Г., Карасик В.И. Язык и этнос: Российская лингвокультурология. Тексты. 2012: 73-99.

[56] Маковский М.М. Сравнительный словарь мифологической символики в индоевропейских языках. Образ мира и миры образов [M]. М.: Языки русской культуры, 1991.

[57] Маслова В.А. Введение в лингвокультурологию [M]. М.: Наследие, 1997.

[58] Маслова В.А. Лингвокультурология: учебное пособие для студентов вузов [M]. М.: Академия, 2001.

[59] Маслова В.А. Когнитивная лингвистика: учебное пособие [M]. Минск: ТетраСистемс, 2008.

[60] Мильков В.В. Античное учение о четырех стихиях в древнерусской письменности [C] // Древняя Русь: Пересечение традиций. М., 1997: 42-56.

[61] Морковкин В.В., Бёме Н.О., Дорогонова И.А., Иванова Т.Ф., Успенская И.Д. Лексическая основа русского языка: Комплексный учебный словарь [K]. М.:АСТ. 2004.

[62] Москвин В.П. Русская метафора. Семантическая, структурная, функциональная классификация: Учеб. пособие к спецкурсу по стилистике [M]. Волгогр. гос. пед. ун-т. Н.-и. лаб. «Язык и культура». Волгоград: Перемена, 1997.

[63] Мышкина Н.Л. Лингводинамика текста: Контрадиктно-синергетический подход: дис… доктора филол. Наук [D]. Пермь, 1999.

[64] Никитин М.В. Основы лингвистической теории значения [M]. М.: Высшая школа, 1988.

[65] Нинель В.З. Устойчивые образные номинации человека: дис… доктора филол. Наук [D]. Краснодар, 2005.

[66] Ожегов С.И., Шведова Н.Ю. Толковый словарь русского языка: 80 000 слов и фразеологических выражений. Российская академия наук. Институт русского языка им. В.В.Виноградова. 4-е изд. и доп. [K]. М.: ООО «А ТЕМП», 2006.

[67] Ольшанский И.Г. Лингвокультурология в конце XX в.: итоги, тенденции, перспективы [C] // Лингвистические исследования в конце XX в.: сборник обзоров. М.: ИНИОН РАН, 2000: 26-55.

[68] Павлович Н.В. Язык образов. 2-е изд., испр. и доп. [М]. М.: Азбуковник, 2004.

[69] Палутина О.Г. Асимметрия в структуре концептов превостихий и их номинаций в руссом языке и американском варианте английского языка: дис. … канд. филол. наук [D]. Казань, 2004.

[70] Пашина А.В. Концепт человек в сказах И.М. Ермакова: дис. … канд. филол. наук [D]. Тюмень, 2006.

[71] Петров В.В. Метафора: от семантических представлений к когнитивному анализу [J]. *Вопросы языкознания*, 1990 (3): 135-146.

[72] Пименова М.В. Душа и дух: особенности концептуализации: монография [М]. Кемерово: Графика, 2004.

[73] Попова З.Д., Стернин И.А. Когнитивная лингвистика [М]. М.: АСТ: Восток-Запад, 2007.

[74] Потебня А.А. Теоретическая поэтика [М]. М.: Высшая школа, 1990.

[75] Потебня А.А. Символ и миф в народной культуре [М]. М.: Лабиринт, 2000.

[76] Привалова И.В. Интеркультура и вербальный знак (лингвокогнитивные основы межкультурной коммуникации) [М]. М.: Гнозис, 2005.

[77] Пропп В.Я. Русские аграрные праздники [М]. СПб.: Азбука: Изд. центр "Терра", 1995.

[78] Рахилина Е.В. Когнитивная семантика: история, персоналии, идеи, результаты [C] // Семиотика и информатика. Вып.36. М.: Русские словари, 1998: 274-323.

[79] Резанова З.И. Метафорический фрагмент русской языковой картины мира: идеи, методы, решения [C] // Вестник Томского государственного университета. Сер.: Филология.

2010, 1 (9): 26-43.

[80] Рошаль В.М. Энциклопедия символов[M]. М.: ACT; СПб.: Сова, 2008.

[81] Рубинштейн С.Л. Основы общей психологии. 2-е изд. (1946 г.) [M]. СПб.: Питер, 2002.

[82] Саяхова Л.Г. Тематический словарь русского языка: около 25000 слов [K]. Л.Г.Саяхова, Д.М.Хасанова, В.В.Морковкин; под ред. В.В.Морковкина. М.: Русский язык, 2000.

[83] Седых А.П. Языковое поведение, конвенциональная семантика и национальные архетипы [C] // Филологические науки. 2004b (3): 51-56.

[84] Семенов А.Е. Вербализация концепта Земля средствами русской фразеологии и лексикологии: дис. … канд. филол. наук[D]. Челябинск, 2009.

[85] Скляр М. С. Концепт слова "Стихия" в русском языке: дис. … канд. филол. наук [D]. Москва, 2005.

[86] Скляревская Г.Н. Метафора в системе языка [M]. Отв. Ред. Д.Н.Шмелев: РАН, Институт лингвистических исследований. СПб.: Наука, 1993.

[87] Слышкин, Г.Г. От текста к символу: лингвокультурные концепты прецедентных текстов в сознании и дискурсе[M]. М.: Academia, 2000.

[88] Степанов Ю.С. Константы. Словарь русской культуры: Опыты исследований. 3-е изд., испр. и доп. [K]. М.: Академический проект, 2004.

[89] Телия В.Н. Русская фразеология. Семантический, прагматический и лингвокультурологический аспекты [M]. М.: Языки русской культуры, 1996.

[90] Телия В.Н. Вторичная номинация и ее воды // Языковая номинация (Виды наименования) [M]. М.: Наука, 1997.

[91] Телия В.Н. Метафора в языке и тексте [M]. М.: Наука. 1988.

[92] Телия В.Н. Большой фразеологический словарь русского языка. Значение. Употребление. Культурологический комментарий. 4-е изд. [K]. М.: Словари XXI века, 2017.

[93] Токарев Г.В. Лингвокультурология [M]. Тула.: Издательство ТГПУ им. Л.Н. Толстого, 2009.

[94] Г.В.Токарев. Словарь стереотипных названий русского человека [M] [Текст]. М.: Флита: Наука, 2014.

[95] Токарев С.А. Мифы народов мира. Том 1 [M]. М.: Советская энциклопедия, 1987.

[96] Толстая С.М. Славянская мифология: энциклопедический словарь. Изд. 2-е, испр. И доп. [K]. М.: Международные отношения, 2002.

[97] Толстой Н.И. Славянские древности. Этнолингвистический словарь. Т.1 [K]. М.: Международные отношения, 1995.

[98] Толстой Н.И. Славянские древности. Этнолингвистический словарь. Т.2 [K]. М.: Международные отношения, 1999.

[99] Толстой Н.И. Славянские древности. Этнолингвистический словарь. Т.3 [K]. М.: Международные отношения, 2005.

[100] Топоров В.Н. К реконструкции балто-славянского мифологического образа Земли-Матери [C] // Балто-славянские исследования 1998-1999. М.: Индрик, 2000: 239-371.

[101] Трофимова А.В. Концепт ОГОНЬ в современном русском языке: дис. ... доктора филол. наук [D]. Москва, 2006.

[102] Трубачев О.Н. Праславянское лексическое наследие и древнерусская лексика дописьменного периода [C] // Этимология 1991-1993. М., 1994: 3-23.

[103] Туранина Н.А. Метафора В.Маяковского [Текст]: словарь. Таблицы. Комментарий.: Учебное пособие: Для студентов высших и средних педагогических учебных заведений [M].

Белгород: Издательство Белгородского государственного университета, 1997.

[104] Уфимцева Н.В., Черкасова Г.А., Караулов Ю.Н. Тарасов Е.Ф. Славянский ассоциативный словарь: русский, белорусский, болгарский, украинский [K]. М.: Институт Языкознания РАН, 2004.

[105] М.Фасмер Этимологический словарь русского языка. В 4 т. Т.3 (Муза -- Сят) Пер. с нем. и доп. О.Н.Трубачева. 2-е издание. [K]. М.: Прогресс, 1987.

[106] Фролова Л.В. Концепты первостихий (вода, воздух, земля, огонь) в романе М.М. Пришвина «Кащеева цепь» : дис. ... канд. филол. наук [D]. Орел, 2012.

[107] Хайруллина Д.Д. Бинарные концепты "Огонь" и "Вода" как фрагмент языковой картины мира: на примере английского и татарского языков: дис. ... канд. филол. наук [D]. Казань. 2009.

[108] Черкасова Е.Т. Опыт лингвистической интерпретации тропов [J]. *Вопросы языкознания*, 1968 (2): 28-38.

[109] Черных П.Я. Историко-этимологический словарь современного русского языка [K]. М.: Русский язык, 1999.

[110] Чернышев В.И. Словарь современного русского литературного языка. Том 2 [K]. М.-Л.: Издательство Академии Наук СССР, 1951.

[111] Шведова Н.Ю. Русский семантический словарь: Толковый словарь, систематизированный по классам слов и значений. Том 1 [K]. М.: РАН. Институт русского языка: Азбуковник, 2002.

[112] Шведова Н.Ю. Русский семантический словарь: Толковый словарь, систематизированный по классам слов и значений. Том 4 [K]. М.: РАН. Институт русского языка: Азбуковник,

2007.

[113] Шмелев А.Д. Можно ли понять русскую культуру через ключевые слова русского языка? [C] // Зализняк Анна А., Левонтина И.Б., Шмелев А.Д. Константы и переменные русской языковой картины мира. М.: Языки славянских культур, 2012: 17-23.

[114] Шмелев Д.Н. Проблемы семантического анализа лексики (на материале русского языка) [M]. М.: Наука, 1973.

[115] Юнг К.Г. Феномен духа в искусстве и науке [M]. М.: Ренессанс, 1992.

[116] Юнг К.Г., фон Франц и другие. Человек и его символы [M]. М.: Серебряные нити; СПБ.: АСТ, 1997.

[117] Юнг К.Г. Психология бессознательного / Перевод с английского языка. Издание 2-е, М.: Когито-Центр, 2010.

[118] Юрков Е.Е. Метафор в аспекте лингвокультурологии: дис. … доктора филол. наук [D]. Санкт-Петербург, 2012.

[119] Ярцева В.Н. Большой энциклопедический словарь ЯЗЫКОЗНАНИЕ[K]. М.: Большая Российская энциклопедия, 1998.

[120] 白旭. 神话原型视阈中的俄语身体观念域研究［D］. 上海：上海外国语大学，2017.

[121] 陈勇. 从逻辑分析到概念分析的嬗变——语言哲学视阈下的"语言的逻辑分析"课题组［J］. 解放军外国语学院学报，2011（3）：39—45.

[122] 程金城. 原型批判与重释［M］. 修订本. 兰州：甘肃人民美术出版社，2008.

[123] 崔艳辉. 隐喻与认知——乔治·莱考夫语言哲学研究［D］. 长春：吉林大学，2015.

[124] 胡壮麟. 认知隐喻学［M］. 北京：北京大学出版社，2004.

[125] 贾冬梅、蓝纯. 五行之"火"行背后的概念借代和隐喻［J］. 外

国语，2013（5）：36—42.

[126] 贾冬梅、蓝纯. 五行之水行背后的概念借代和隐喻 [J]. 外语教学，2012（6）：19—23.

[127] 贾冬梅、蓝纯. 五行之土行背后的概念隐喻和借代 [J]. 当代外语研究，2013（1）：20—25，33，76.

[128] 靳琰、王小龙. 英汉仿拟的心理空间理论阐释 [C] //王文斌、毛智慧，主编. 心理空间理论和概念合成理论研究. 上海：上海外语教育出版社，2011：196—204.

[129] 蓝纯. 从认知角度看汉语和英语的空间隐喻 [M]. 北京：外语教学和研究出版社，2003.

[130] 刘芬. 概念整合中的类属空间及映射解析 [J]. 湘潭大学学报（哲学社会科学版），2012（4）：157—160.

[131] 刘少华. 历千年沧桑 话水火之情——谈俄语成语中的 огонь и вода [J]. 俄语学习，2002（5）：65—72.

[132] 钱玲. 类属空间在概念整合理论中的作用：质疑与阐释 [J]. 枣庄学院学报，2011（3）：92—95.

[133] 邵钦瑜、冯蕾. "概念隐喻" 理论兴起的动因 [J]. 南通大学学报（社会科学版），2017（6）：68—72.

[134] 石勇. 阴阳五行语境下的中医隐喻思维与隐喻话语研究 [D]. 南京：南京师范大学，2016.

[135] 束定芳. 理查兹的隐喻理论 [J]. 外语研究，1997（3）：24—28.

[136] 束定芳. 隐喻学研究 [M]. 上海：上海外语教育出版社，2000.

[137] 孙毅. 当代隐喻学理论流派新发展研究 [M]. 北京：科学出版社，2023.

[138] 汪少华. 概念合成与隐喻的实时意义建构 [J]. 当代语言学，2002（2）：119—127，158.

[139] 王松亭. 隐喻的机制和社会文化模式 [M]. 哈尔滨：黑龙江人民出版社，1999.

[140] 王文斌. 隐喻的认知构建与解读 [M]. 上海：上海外语教育

出版社，2007.

[141] 谢之君，编著. 隐喻认知功能探索［M］. 上海：复旦大学出版社，2007.

[142]〔古希腊〕亚里士多德. 诗学［M］. 陈中梅，译. 北京：商务印书馆，1998.

[143] 杨海云. 俄汉语言文化空间中"水"的文化观念对比［J］. 东北亚外语研究，2017（3）：18—24.

[144] 杨明天. 观念的对比分析——以俄汉具有文化意义的部分抽象名词为例［M］. 上海：上海译文出版社，2009.

[145] 叶舒宪、章米力、柳倩月，编. 文化符号学——大小传统新视野［C］. 西安：陕西师范大学出版总社有限公司，2013.

[146] 张艳凝、章自力. 语言文化学视角下斯拉夫神话中的"水"观念分析［J］. 外语教育研究，2017（1）：78—82.

[147] 赵爱国. 谈语言与文化研究的"新本体论"［J］. 中国俄语教学，2019（3）：1—10.

[148] 赵维森. 隐喻文化学［M］. 西安：西北大学出版社，2007.

[149] 赵向东. 当代俄罗斯语言与文化研究现状与发展趋势［J］. 解放军外国语学院学报，2018（4）：69—76.

致　谢

在书稿付梓之际，感慨万千。书稿的写成，并非一日之功——书稿中凝结了博士研究生期间的学术积淀和工作期间的求索。在过去的岁月里，求学的生涯占据二十余载，工作三余载。回望过去的日子，博士研究生修读阶段的学习和生活给了我最多的经验和感受，注定会成为我成长过程中的重要阶段。所幸的是，在这一人生阶段，身边有很多可敬且可爱的人，给了我许多鼓励和帮助。

感谢我的导师杨明天教授。老师和学生的相遇是一种奇特的际遇，能成为杨老师的学生，是我极大的幸运。在生活中，老师对于我就像是一位睿智的长者，告诉我如何应对生活的考验，如何做人。在学习中，老师希望我能找到自己的学术兴趣点，鼓励我多读书、多翻译，提高语言水平，要求我多动手、多写文章，告诫我做学术切忌空谈，要落到笔头，要养成良好的学习态度和习惯。在求知的道路上，老师提供了许多指导和建议，使我在遇到困难的时候能够继续前行。师恩难报，唯有谨记老师的教诲，继续努力。

感谢上海外国语大学李勤教授、陈洁教授和许宏教授的授业解惑之恩，他们用广博的专业知识开阔了我的学术视野，用严谨的学术态度为我的学术研究树立了典范。

特别感谢我的家人，他们的理解和无私的爱，是我前进的动力。